WORLD HISTORY NOTEBOOK

FIRST PUBLISHED IN THE UNITED STATES UNDER THE TITLE:
EVERYTHING YOU NEED TO ACE WORLD HISTORY IN ONE BIG FAT
NOTEBOOK:
The Complete Middle School Study Guide
Copyright © 2016 by Workman Publishing
All rights reserved.
This Korean edition was published by Woorischool in 2017 by arrangement with Workman Publishing
Company, New York through KCC(Korea Copyright Center Inc.), Seoul.

이 책은 (주)한국저작권센터(KCC)를 통한 저작권자와의 독점계약으로 도서출판 우리학교에서 출간되었습니다.
저작권법에 의해 한국 내에서 보호를 받는 저작물이므로 무단전재와 복제를 금합니다.

Writer Ximena Vengoechea
Illustrators Blake Henry, Tim Hall
Series Designer Tim Hall
Designers Gordon Whiteside, Tim Hall
Editors Nathalie Le Du, Daniel Nayeri
Production Manager Julie Primavera
Concept by Raquel Jaramillo

세계사 천재의 비법노트

원시와 고대

브레인 퀘스트 지음 | 정수진 옮김

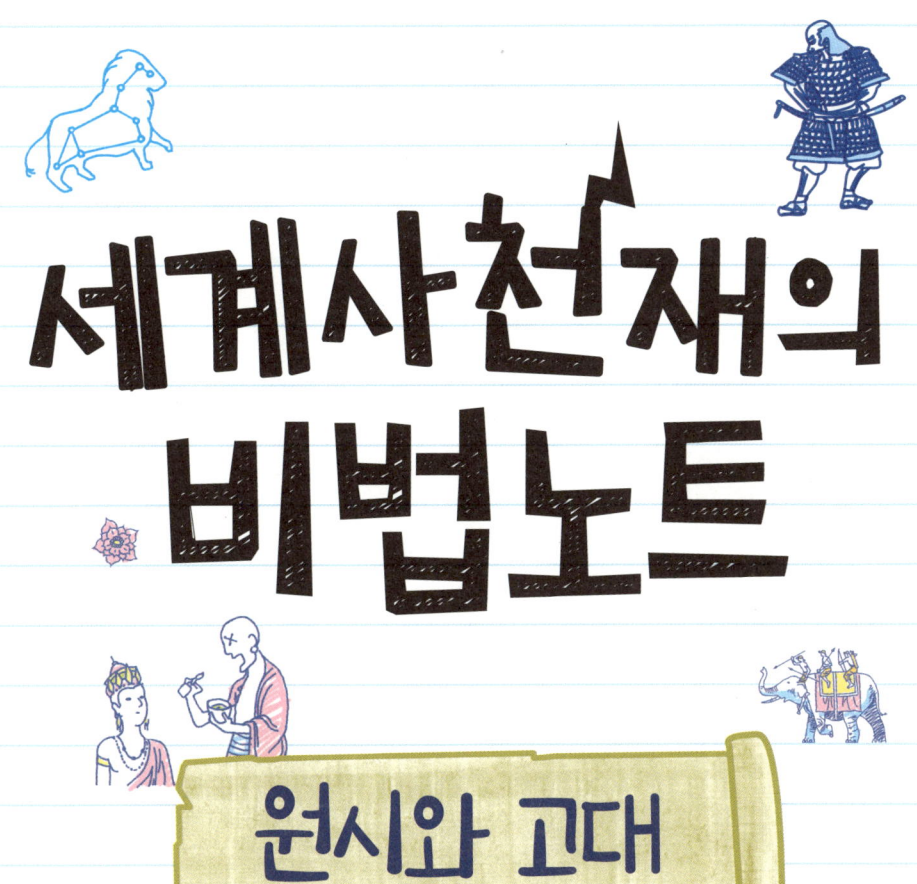

세계사와 친해지는 가장 완벽한 방법

지금부터 너에게만 내 세계사 비법노트를 보여 줄게. 아참, 내가 누구냐고? 내 입으로 말하기는 좀 쑥스럽지만 사람들은 나를 천재라고 불러. 특히 세계사를 아주 잘해서 '세계사 천재'라는 소리를 많이 듣지.

『세계사 천재의 비법노트 : 원시와 고대』에는 최초의 인류가 등장한 선사 시대부터 기원전, 그리고 서기 300년에 이르기까지 세계사와 친해지기 위해 반드시 알아야 할 모든 내용이 들어 있어. 물론 시험에 자주 나오는 내용들도 빠짐없이 들어 있지!

비법노트 활용법!

* 주요 단어는 노란색 형광펜으로 던칠했어.
* 용어를 설명한 부분은 초록색 낭자 안에 넣었어.
* 또 중요한 인물과 장소, 날짜, 용어는 파란색 글씨로 표시했어.
* 중요한 개념을 시각적으로 보여 주기 위해 꽤 귀여운 모습의 트로이 목마 같은 그림도 그려 보았지.

만약 세계사 교과서가 마음에 들지 않고, 수업 내용을 필기하는 게 어려웠다면, 이 노트가 도움이 될 거야. 네가 배워야 할 중요한 내용들이 모두 들어 있거든. 하지만 수업시간에 선생님이 이 노트에 없는 내용을 가르쳐 주신다면 얼른 받아 적어야겠지?

나는 이제 이 노트가 필요 없어. 노트의 내용을 다 알고 있거든. 그러니까 지금부터 이 노트의 주인은 바로 너야. 이 노트는 네가 세계사와 친해질 수 있는 가장 완벽한 방법을 알려 줄 거야. 자, 그럼 시작해 볼까?

최초의 인류 (선사 시대부터 기원전 3500년까지)

비법노트1장	세계사를 왜 배워야 할까?	10
비법노트2장	최초의 인류와 구석기 시대	15
비법노트3장	신석기 시대	29

최초의 문명 (기원전 3500년부터 서기 300년까지)

비법노트4장　메소포타미아　44

비법노트5장　고대 아프리카　55

비법노트6장　페니키아인과 이스라엘 민족　77

비법노트7장　고대 인도　85

비법노트8장　고대 중국　102

비법노트9장　고대 그리스　119

비법노트10장　고대 로마　140

 부록 개념연결　역사연표·교과연계표　159

최초의 인류

선사 시대부터 기원전 3500년까지

1만 년 혹은 10만 년 전의 삶은 어땠을까? 시간이 지나면서 사람과 도시는 어떻게 변했을까? 이것이 바로 역사가 답하기 위해 애쓰는 질문들이야.

비법노트 **1**장

세계사를 왜 배워야 할까?

우리는 세계사를 왜 배워야 할까? 역사를 배워야 한다면 한국사를 배우는 것으로도 충분하지 않을까? 세계사를 배우기에 앞서 이런 질문을 생각해 보았으면 해.

첫째, 오늘날 지구 곳곳에서는 수많은 문제가 생기고 있어. 전쟁, 테러, 환경 문제와 같은 우리가 역사적 배경을 이해해야 문제를 해결할 실마리를 발견할 수 있을 거야.

둘째, 한국사 역시 세계사의 일부분이야. 세계사의 흐름 속에서 한국사를 살펴보아야 우리 삶의 뿌리를 더 선명하게 파악할 수 있어.

셋째, 다른 나라의 문화를 이해하고 존중하기 위해서도 세계사 공부가 필요해. 누군가의 인권을 짓밟는 것이 아니라면, 모든 문화는 가치 있고 소중해. 지금처럼 교류가 활발하고 정치와 경제가 밀접한 세상에서는 더욱 그렇지.

역사를 연구하는 방법

역사학자는 아주 오래전 역사를 알기 위해 글로 된 기록과 역사적으로 중요한 예술품을 이용해 과거를 연구하는 학자야. 문자를 읽고, 글로 쓰인 법전을 보고, 종교적인 문서나 공동체의 기록을 연구해.

한 문화에 대해 글로 쓰인 **기록이 없다면** 어떻게 할까? 문자가 발명되기 이전인 선사 시대는 어떤 방법으로 연구할 수 있을까?

선사 시대에 관한 연구는 **고고학**이라는 학문 그리고 고고학자와 인류학자의 두 전문가 집단에 의해 이루어져.

> **선사 시대**
> 글로 쓰인 기록 이전 시대

고고학자는 인간의 활동을 더 잘 이해하기 위해 인류가 만들어 낸 유물을 연구하는 과학자야. 유물은 도구나 악기는 물론 과거 문명에서 인간이 만든 것이라면 무엇이든 해당할 수 있어.

> **고고학**
> 사람들이 만들어 사용한 뒤 남겨 둔 물건을 통해 인류 역사와 선사 시대를 연구하는 학문

고대 문명이 있었던 유적지에서 땅을 파고 있는 모습이 종종 발견되지.

인류학자 역시 유물을 연구하지만, 아래 내용과 같이 인간 사회의 문화적인 측면에 더 많은 관심을 보이는 과학자야.

유레카!

* 특정한 문화의 사람들은 어떤 옷을 입었을까?
* 무엇을 먹었을까?
* 따라야 할 관습들을 어떻게 만들고 학습했을까?
* 언어를 어떻게 발달시켰을까?

시대를 나누는 방법

기나긴 역사를 무 자르듯이 정확하게 나누는 건 어려워. 역사학자들도 구분하는 방법이 제각각이야. 동양사와 서양사만 해도 특징이 다르기 때문에 시기 구분 역시 조금씩 다르거든.

이 비법노트에서는 원시, 고대, 중세, 근대, 현대 이렇게 크게 다섯 가지 시대로 구분하기로 해.

세계사를 배우려면 기원전과 기원후, 즉 서기를 어떻게 구분하는지도 알아야 해. 앞으로 역사적 변화와 사건이 일어난 수많은 연도와 만나게 될 거야. 헷갈리지 않게 꼭 기억해 두도록 해.

네가 신었다가 버린 신발 한 짝이 수천 년 뒤에 네 집 근처였던 곳의 땅 밑에서 발견되어도 역시 유물이라고 할 수 있을 거야.

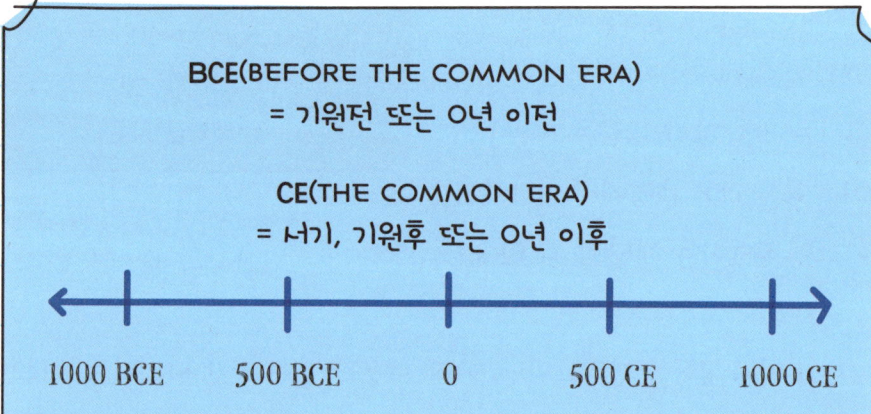

기원전의 연도는 일종의 음수처럼 쓰여. 예를 들어 BCE 1000년은 BCE 500년보다 더 멀리 떨어진 과거야. 그리고 세기는 100년 동안 세는 단위를 말해. 만일 기원전 1세기라고 하면 기원전 100년부터 기원전 1년을, 기원후 1세기는 1년부터 100년을 뜻하지.

1. 세계사를 배워야 하는 이유는 무엇일까?

2. 역사학자는 무엇을 바탕으로 역사를 연구할까?

3. 선사 시대를 연구할 때 고고학자와 인류학자의 역할은 각각 무엇일까?

4. 기원전과 기원후를 나누는 기준은 무엇일까?

5. 다음 내용은 사실일까, 거짓일까?
   기원전의 연도에서 BCE 1000년은 BCE 500년보다 더 가까운 과거를 말한다.

정답

1. 우리가 세계사를 배우는 이유는 첫째, 오늘날 지구 곳곳에서 생기는 전쟁, 테러, 환경 문제와 같은 수많은 문제 해결의 실마리를 찾기 위해서이다. 둘째, 세계사의 흐름 속에서 한국사를 살펴보아야 우리 삶의 뿌리를 더 잘 파악할 수 있기 때문이다. 셋째, 지금처럼 전 세계 교류가 활발하고 정치, 경제가 밀접한 세상에서 다른 나라의 문화를 이해하고 존중하기 위해 필요하다.

2. 역사학자는 역사를 연구하기 위해 글로 된 기록, 즉 문자, 글로 쓰인 법전, 종교적 문서나 공동체의 기록을 연구한다. 또한 역사적으로 중요한 예술품을 이용하기도 한다.

3. 고고학자는 인간의 활동을 더 잘 이해하기 위해 인류가 만들어 낸 유물을 연구한다. 인류학자 역시 유물을 연구하지만 인간 사회의 문화적 측면에 더 많은 관심을 보인다. 특정한 문화의 사람들은 어떤 옷을 입고, 무엇을 먹었으며, 언어를 어떻게 발달시켰는지 등을 연구한다.

4. 기원전과 기원후를 나누는 기준은 0년이다.

5. 거짓이다. 기원전 연도는 일종의 음수처럼 쓰이기 때문에 BCE 1000년은 BCE 500년보다 더 멀리 떨어진 과거를 말한다.

비법노트 2장

최초의 인류와 구석기 시대

약 600만~700만 년 전

최초의 인류는 우리와 전혀 닮지 않았어. 사실 과학자들은 우리가 초기 **유인원**의 자손이며, 인간을 닮은 최초의 생명체는 유인원과 인간을 섞어 놓은 모습이었을 거라고 생각해.

유인원
오랑우탄 과에 속하지만 원숭이와는 다른 인류에 가까운 동물

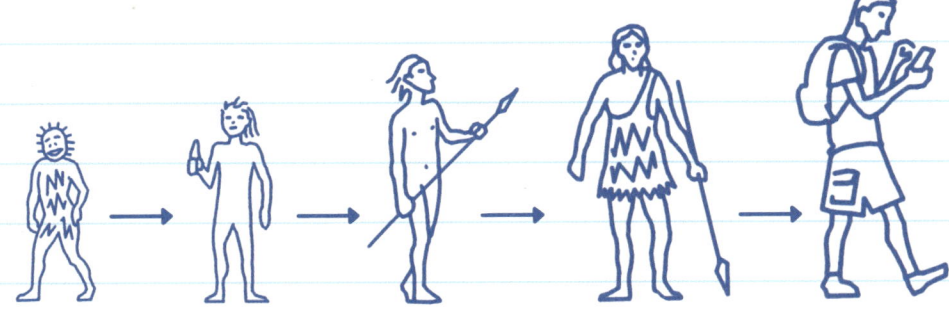

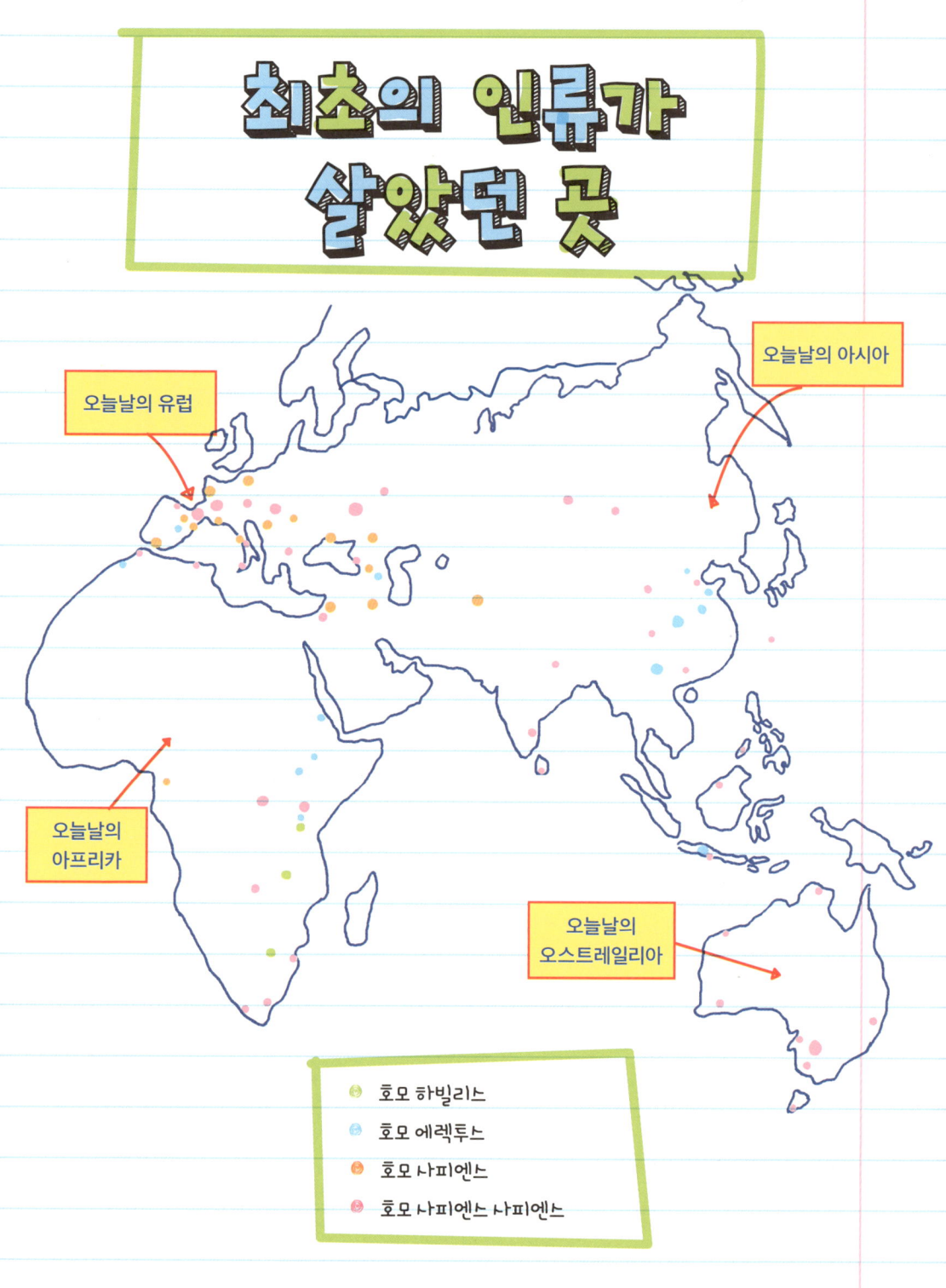

인간을 닮은 최초의 생명체를 고인류라고 해. 고인류는 똑바로 서서 앞으로 이동할 수 있는 직립보행 능력, 다른 손가락과 마주 보고 있어 손가락 끝이 맞닿는 엄지손가락과 같은 인간의 특성을 지녔어. 최초의 고인류는 400만 년 전 아프리카에 살았는데, 시간이 지나면서 진화를 거듭했어.

고인류의 유형

고인류에는 다양한 유형이 있어. 여기에서는 중요한 몇 가지만 소개할게.

오스트랄로피테쿠스(400만 년 전~150만 년 전)
오스트랄로피테쿠스는 '남쪽의 유인원'이라는 뜻이야. 인간을 닮은 이 유인원이 동아프리카나 남아프리카에서 생겨났다는 걸 알 수 있지. 인류 진화에서 최초의 완전한 단계를 이룬 집단으로 보고 있어.

루시는 유명한 오스트랄로피테쿠스 화석인데, 1974년 아프리카 에티오피아에서 발견되었어. 과학자들은 당시 루시가 최초의 인류라고 생각했어. 약 320만 년 전에 살았던 여성으로 추정돼. 루시가 발견된 이후 다른 화석들이 계속 발견되면서 루시는 최초의 인류라고 할 수 있는 수많은 후보 중 하나가 되었어. 루시는 뇌가 매우 작지만 다른 고인류가 직립보행을 시작하기 거의 200만 년 전에 두 다리로 걸었지.

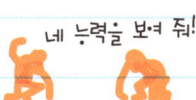

호모 하빌리스(200만 년 전~50만 년 전)

호모 하빌리스는 '능력 있는 사람'이라는 뜻이야. 키가 작았던 이 고인류는 동아프리카에 살았어. 오스트랄로피테쿠스보다 뇌가 더 컸으며, 퇴토로 석기를 사용했어.

호모 에렉투스(180만 년 전~25만 년 전)

호모 에렉투스는 '선 사람'이라는 뜻이야. 즉, 바로 설 수 있는 능력을 지닌 더 진화한 고인류였어. 루시나 이전의 고인류들도 똑바로 서서 걷긴 했지만 호모 에렉투스가 사람과 더 많이 닮았고, 팔과 다리도 더 길었지. 호모 에렉투스는 불 피우는 법을 익혔는데, 아마도 두 개의 막대기를 맞비비거나 돌멩이들을 서로 부딪쳐 불꽃을 일으켰을 거야. 불은 사냥을 하고, 동물로부터 자신을 보호하고, 요리를 하고, 몸을 따뜻하게 유지하는 데 큰 도움이 되었어. 기온이 더 낮은, 추운 지역으로 이동해서 살 수 있다는 뜻이기도 했지. 이건이 바로 호모 에렉투스가 따뜻한 아프리카를 떠난 최초의 고인류였을 거라고 추측하는 이유야.

> 보이스카우트처럼 말이야!

호모 사피엔스(20만 년 전)

'슬기 사람'이라는 뜻의 호모 사피엔스는 빠른 속도로 주요 종이 된 새로운 인류야. 돌과 동물의 뼈, 뿔로 도구를 만들었지. 그들은 도구를 이용해서 새로운 농경 기술과 사냥 기술을 발전시켰어.

호모 사피엔스의 뇌는 크고, 턱은 작아져.
팔다리는 호모 에렉투스에 비해 훨씬
더 길고 곧아서 지금 우리의 생김새에 더
가까웠어.
호모 사피엔스에는 네안데르탈인과 호모
사피엔스 사피엔스 두 **아종**이 있어.

> **아종**
> 종을 다시 세분한 생물 분류 단위로 종의 바로 아래. 종으로 독립할 만큼 다르지는 않지만 변종으로 하기에는 다른 점이 많고 사는 곳이 차이 나는 한 무리의 생물

네안데르탈인(13만 5000년 전~3만 4000년 전)
네안데르탈인은 오늘날 유럽과 터키 일부 지역에 살았지. 동물 가죽으로 옷을 만들어 입어서 몸을 따뜻하게 유지하고, 죽은 사람을 땅에 묻었던 최초의 인류였다고 추측하고 있어. 뇌가 커진 만큼 몸집도 더 무거워져서 움직임이 느렸어. 결국 더 재빨랐던 호모 사피엔스 사피엔스가 네안데르탈인을 대신하게 되었어.

호모 사피엔스 사피엔스(4만 년 전)
호모 사피엔스 사피엔스는 '슬기 슬기 사람'이라는 뜻으로, 오늘날 인간에 가장 가까운 인류야. 아프리카에서 처음 등장한 이후 10만 년 전쯤 전 세계로 뻗어 나갔지. 호모 사피엔스 사피엔스는 느린 속도로 아프리카를 벗어났어. 고고학자들의 말에 따르면, 한 세대가 3~5킬로미터 정도씩 이동했을 거라고 해.

구석기 시대의 삶

구석기 시대는 인류가 처음 나타난 시기부터 약 1만 년 전에 신석기 시대가 시작되기 전까지를 말해. 구석기 시대 동안 인류는 단단한 돌로 부싯돌 같은 간단한 도구를 만들어 사용했지.
그밖에 또 어떤 도구들을 만들었는지 알아볼까?

나무 막대 끝에 연결할 수 있는 창끝과 손도끼를 만들어서 커다란 동물을 사냥하기 더 쉬워졌어.

활과 화살도 만들었어.

물고기와 같은 바다 생물을 잡기 위해 작살을 만들고, 뼈로 낚싯바늘도 만들었어.

식량을 담아 두거나 옮기기 위한 바구니를 만들고, 덩굴을 꼬아 밧줄을 만들었어.

돌과 상아로 작은 조각상도 만들었어.

뼈로 피리도 만들었지.

구석기인들은 사냥을 하고 식량을 채집했어. 생존을 위해 남자는 사냥을 떠나고, 여자는 열매와 식물을 채집하는 식으로 역할을 분담했을 거야. 또한 그들은 작게 무리를 지어 한곳에서 다른 곳으로 이동하며 사는 **유목민**이었어. 그들은 기르는 동물들과 함께 식물의 성장 시기에 따라 사는 장소를 바꿨어. 식물이 더 이상 자라지 않으면 다른 곳으로 이동했지. 그리고 도착하는 곳마다 새로운 집을 지었어.

> **유목민**
> 가축을 방목하기 위해 물과 풀이 있는 곳을 찾아 옮겨 다니며 사는 사람들

수업을 함께 듣는 같은 반 친구들이 이곳저곳을 떠돈다고 생각해 봐.

대이동

대이동은 인류가 대규모로 먼 거리를 이동하면서 다른 대륙을 탐험하기 시작한 시기야. 대부분 사냥할 동물을 따라 대륙을 가로질렀어. 호수와 비옥한 토양이 있는 습한 기후의 지역으로 이동하는 경우도 많았어. 빙하기가 되자 사람들은 더 따뜻한 지역으로 이동하기 시작했고, 해수면이 낮아지면서 좁은 육로가 드러나 대륙들이 서로 연결되었지.

인류는 아프리카에서 출발해 남극을 제외한 모든 대륙에 다다를 때까지 계속 걸었어. 이동하는 데 대략 100만 년이 걸렸어.

여기에서 설명하는 **빙하기**는 가장 최근의 빙하기를 뜻해. 지구의 상당 부분이 얼음으로 뒤덮였고, 바다는 꽁꽁 얼어붙었어. 약 10만 년 동안 지속되다가 기원전 1만 년경에 끝이 났어.

인류 진화에서 일어난

600~700만 년 전

인간을 닮은 최초의 종이 나타나는데, 침팬지와 뇌의 크기가 비슷했어.

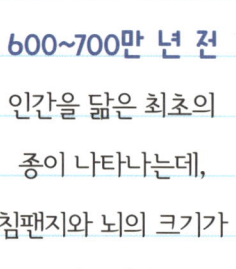

우리는 친척이야!

260만 년 전

식량을 자르고 으깨는 데 돌 조각을 이용하기 시작하지.

냠냠!

400만 년 전

똑바로 서서 걷기 시작해.

주요 사건들

80만 년 전

불을 발견하면서 식생활이 바뀌고, 따뜻한 집이 생겼어. 포식 동물을 피해서 안전하게 지낼 수 있게 되었지.

4만 년 전

아프리카를 떠나 대이동을 시작해.

20~80만 년 전

뇌의 크기가 빠른 속도로 커져서 의사소통을 더 잘할 수 있게 되고, 척박한 환경에서도 살아남을 수 있게 되지.

암각화는 유목 생활을 하는 구석기인들의 의사소통 형태 중 하나로, 아마도 이야기를 들려주거나 신화를 전하는 데 쓰였을 거야. 때로는 사냥 전략을 동굴 벽에 그리기도 했지. 구석기인들은 동물성 기름을 채운 석조 램프로 동굴 안을 밝힌 다음 그림을 그렸어. 동물성 기름은 물감을 만드는 데도 쓰였는데, 그림을 그리기 위해 기름을 여러 가지 광물과 섞어 빨간색과 노란색, 검은색 물감을 만들어 냈지. 동굴 벽에 그림을 그리기 위해 손가락을 사용하거나, 막대와 나뭇잎을 활용하기도 하고, 속이 빈 갈대로 물감을 불기도 했을 거야. 가끔은 손바닥 자국을 남겨 서명을 하기도 했어. 대부분의 동굴 벽화에는 동물을 사냥하는 모습이 담겨 있는데, 사냥 성공을 기원하는 의식으로 그림을 그렸다고 생각하는 인류학자들도 있어.

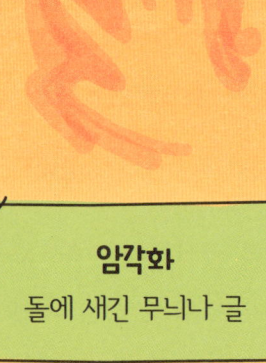

암각화
돌에 새긴 무늬나 글

퀴즈

1. 대이동이란 무엇이며 얼마나 걸렸을까?

2. 초기 인류가 동굴 벽화를 그린 이유는 무엇일까?

3. 과학자들은 선사 시대에 일어난 일들을 어떻게 연구할까?

4. 구석기 시대는 언제일까?

5. 빙하기가 지구에 미친 영향은 무엇일까?

6. 구석기인은 어떤 종류의 물건들을 만들었을까?

정답

1. 대이동은 인류가 아프리카를 떠나 남극을 제외한 모든 대륙을 탐험하기 시작한 시기이다. 대륙을 가로질러 이동하며 사냥을 했고, 마실 수 있는 물과 비옥한 토양이 있는 곳을 찾아다녔다. 대이동은 대략 100만 년이 걸렸다.

2. 초기 인류는 동굴 벽화를 이용하여 의사소통을 했고, 이야기를 들려주거나 신화를 전하기도 했다. 또한 사냥 전략을 그림으로 표현하기도 했고, 사냥 성공을 기원하는 의식의 일부로 그림을 활용하기도 했다.

3. 과학자들은 인간이 만든 도구나 악기, 건축물, 도자기 등의 유물을 통해 선사 시대의 삶에 대한 단서를 찾아내서 연구를 한다.

4. 구석기 시대는 인류가 처음 나타난 시기부터 약 1만년 전에 신석기시대가 시작되기 전까지를 말한다.

5. 빙하기의 차가운 기후로 인해 인류는 더 따뜻한 지역으로 이동했다. 또한 해수면이 낮아지면서 드러난 좁은 육로가 대륙들을 서로 연결해 주어 이 길을 따라 멀리 떨어진 곳까지 이동했다.

6. 구석기인은 창끝과 손도끼, 활, 화살, 작살, 뼈 낚싯바늘, 바구니, 밧줄, 조각상, 피리 같은 간단한 도구들을 만들었다.

비법노트 **3**장

기원전 8000년~기원전 3500년

인간은 대이동을 거치면서 비옥한 토양이 있는 따뜻한 지역을 찾아서 직접 땅을 일구고, 식량을 재배하며 정착을 했어. 초기 인류는 이곳저곳을 떠도는 유목민 생활을 했어. 그러나 신석기 시대에 농경이 발달하면서 대부분 **정착**하는 생활 양식으로 변화했지.

신석기 혁명은 인간이 살아가는 방식을 근본적으로 바꾸어 놓았어. 인간은 이제 가축을 기르고, 정기적으로 식량을 재배하면서 반복적이고 안정적인 수확을 하기 시작했어.

> **정착**
> 한곳에 머무르는 생활 양식

농경의 변화

약 9,000년 전, 농부들은 식량으로 쓰이는 주요 작물을 재배하기 시작했어.

29

 중국에서는 쌀 등의 곡물을 길렀어.

중앙아메리카에서는 옥수수와 콩, 호박을 키웠지.

 아프리카에서는 얌과 같은 덩이줄기 식물을 길렀어.

퇴토의 농부들은 곡물을 빻으면 가루가 되어 빵을 만들 때 쓸 수 있다는 사실을 발견했어. 어느 곳의 토양이 비옥해서 식물이 더 잘 자랄 수 있는지도 알게 되었지. 기후가 곡물이 자라는 데 영향을 주었기 때문에 봄과 여름이 긴 지역이 농사를 지을 장소로 인기가 높았어. 물이 있고 물고기나 수산물 등을 통해 추가로 영양을 섭취할 수 있는 호수와 강도 정착하기에 좋은 장소였지.

농부들은 좀 더 크고 많은 곡물을 얻기 위해 작물을 심을 때 크기가 크고, 보기에 좋고, 맛이 좋은 씨를 골라 심었어. 그리고 이후에도 이런 과정을 계속 반복했지.

느리지만 매번 곡물을 수확할 때마다 분명 더 좋고, 튼튼하고, 맛있는 곡물을 얻을 수 있었을 거야. 이 과정을 식물 길들이기라고 해. 혁명적이라고도 말할 수 있는 엄청난 발전이었지.

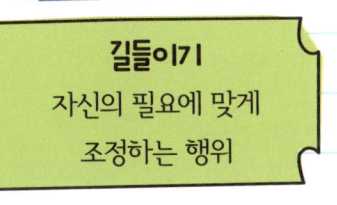

길들이기
자신의 필요에 맞게 조정하는 행위

신석기 혁명이라고도 부르는 **농업 혁명**은 인류가 사냥과 채집에서 농경으로 옮겨 간 시기를 말해. 이 변화로 정착 생활을 하는 공동체가 생겼고, 사회 계급이 성립되었으며, 문명이 발생했어.

정착 공동체의 발달

인간이 고기와 젖, 털을 얻기 위해 양과 염소, 돼지 같은 야생 동물을 기르면서 동물 길들이기가 시작되었어. 정착 생활 훨씬 이전부터 커다란 동물을 사냥할 때 도움을 주던 개는 사람이 길들이기 시작한 최초의 동물에 속하지. 더 커다란 동물을 길들인 지역도 있었어. 예를 들어 인도에서는 야생 코끼리를 길들였어.

개도 한때는 야생 동물이었어.

초기 사회의 안정을 위해서는 관개시설 같은 농경 기술도 매우 중요했어. 관개시설이란 물을 끌어오기 위해 만든 수로를 말해. 더 많은 식량을 수확하기 위해서 수로를 이용한 거지.

정착 생활을 하면서 곡물을 재배하게 되자 필요한 양 이상의 잉여생산물이
생기기 시작했어. 먹을 것이 넉넉해지면 더
많은 사람이 먹고살 수 있으니까 사람들이 　　남은 음식을 봉투에 담아 두는
점점 모여 살게 되었고, 마을이 생겨났어. 　　것처럼 말이야.
더 이상 동물들을 따라다니는 유목 생활을 할 필요가 없었지.

초기의 마을

많은 사람들이 농장 주변에 마을을 이루어 살게 되고 잉여생산물이 점점
늘어났어. 그러자 모든 사람이 식량 생산을 위한 농업에 매달려 일하지
않아도 되었지. 그러면서 공동체 내에서 서로 다른 역할을 맡는 분업을 하게
되었어.

　　　　　　　　　　　　　　　구리와 주석의
　　　　　　　　　　　　　　　혼합물

특정한 공예에 능숙한 노동자인 장인이 생기기 시작했어. 바구니나 도구, 도기,
직물을 만들었지. 구리와 그 후 청동으로 만든 금속 도구들은 더 정교해졌어.
나중에는 철을 써서 튼튼하고 오래가는 도구를 만들기도 했지. 바퀴도 이즈음에
발명되었어. 불과 마찬가지로 바퀴는 삶의 많은 것을 바꾸어 놓았어.

자동차에서부터 자전거, 유모차, 쇼핑카트, 기차, 버스에
이르기까지 **바퀴**를 이용하는 모든 물건을 생각해 봐.
바퀴가 없다면 생활이 훨씬 더 힘들었을 거야!

새로운 물건을 만들어 내기 시작하면서 사람들은 물건을 사고팔기 시작했어. 물건을 거래하기 위해 무역선이 바다와 강을 항해하기 시작해. 다른 문화의 집단과 거래를 한다는 건은 새로운 기술과 농경 기법도 교환할 수 있다는 뜻이야.
물물교환도 가능했는데, 돈이 없어도 서로 물건을 바꿀 수 있었어.

> **물물교환**
> 한 물건을 다른 물건과 교환하는 행위

← 학교 식당에서 음식을 서로 바꿔 먹는 것처럼 말이야.

초기의 정부

마을은 함께 사는 가족 집단인 부족이나 씨족의 우두머리가 이끌었을 거야. 마을의 규모가 점점 커지면서 도시가 되었고, 때로는 적의 침략으로부터 보호하기 위해 성벽을 세우기도 했지. 그리고 무역 거래와 경제 활동 등을 규제하기 위한 정부가 형성되었어. 도시는 더 커지거나 합쳐져 국가를 이루게 돼. 권력과 돈을 가진 사람이 지도자, 즉 군주가 되었지. 군주(왕이나 여왕)는 여러 도시나 부족들을 한데 모아 다스렸지. 그들의 업무는 법을 만들어 국가의 질서를 유지하는 것이었어. 많은 군주들이 **신**이 인정한 통치 권리인 **신권**을 기반으로 권력을 잡았어.

> **신권**
> 사람들을 통치할 권리는 신에게서 직접 부여받는다는 믿음

> **신**
> 신성한 존재

> 바빌로니아의 **지구라트**와 이집트의 **피라미드** 같은 종교적인 건축물이 지어졌어. 도시를 둘러싼 성벽은 예술적이기보다는 실용적이었는데 방어를 목적으로 건설되었기 때문이야.

33

국가가 발전하면서 계급이 나뉘기 시작했어. **사회 계급**(신분, 재산, 직업이 비슷한 사람들로 형성되는 집단 또는 그렇게 나뉜 사회적 지위)이 생겨난 거야. 왕과 왕비가 맨 위에 있었고, 성직자와 종교적인 권위자들이 그 밑에 있었지. 다음 계급은 정부와 군대 관료들이었어.

그다음은 장인들과 무역상, 소상인들이었어. 모든 일의 시작이 된 농부들은 모순되게도 더 낮은 계급이었어. 그리고 일부 공동체에는 계급상 가장 밑에 있는 **노예**가 있었는데, 마치 재산처럼 소유할 수 있었어.

- 왕/왕비
- 성직자
- 정부/군인
- 무역상/상인
- 농부
- 노예

최초의 문명

최초의 **문명**이 발달함에 따라 사람들은 정착 생활과 식량의 잉여 생산으로 얻은 여가 시간을 생각하는 데 쓸 수 있게 되었어. 수학과 천문학, 문자, 법률과 같은 분야에서 중요한 아이디어들을 쏟아 내기 시작했지.

> **문명**
> 도시를 중심으로 조직된 사회로 중앙 집권적인 정부와 식량 생산 수단, 문자, 예술, 건축, 직업 전문화의 체계를 갖춤

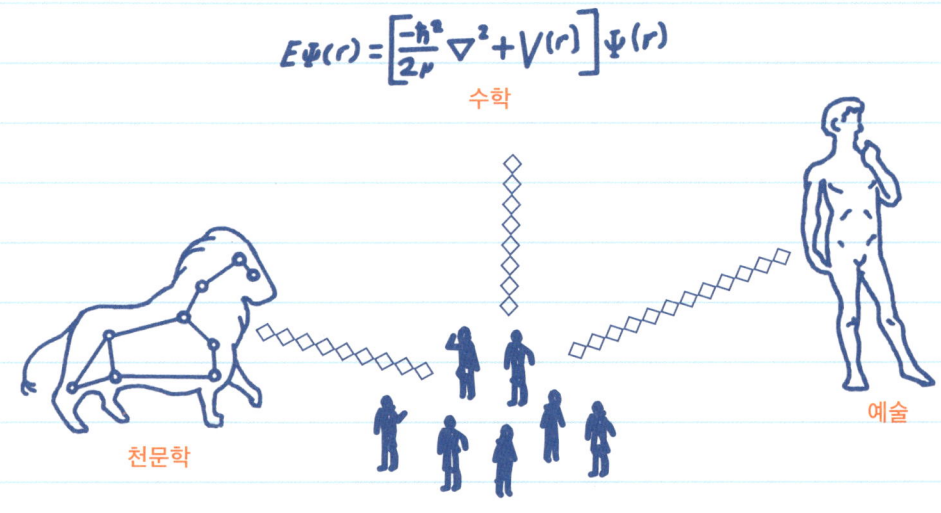

문자는 특히 수확한 식량과 거래한 물품에 대한 기록을 남기는 데 필요했어. 통치자와 성직자, 무역상, 장인들은 문자를 이용하여 법률과 기도문, 족보를 기록했지. 구전되어 내려온 시와 이야기를 기록하거나 새로운 이야기를 만들어 내는 데도 쓰였어. 화가와 조각가는 종교나 자연에 대한 이야기를 그림으로 표현하거나 사원과 도시의 건축물을 장식하는 방식으로 전달했어.

> **구전**
> 문자를 이용한 기록이 아닌 말이나 기억을 통해 대를 이어 내려오는 정보

최근 10만 년 동안 인류

10만 년 전
죽은 사람을 매장하고 인간보다 빨리 달리는 사냥감을 잡기 위해 도구를 만들어.

4만~5만 년 전
인간이 아프리카를 떠나 멀리 떨어진 유럽과 오스트레일리아까지 이동하여 그곳에 정착했어.

여기에 집을 짓자!

7만 7,000년 전
물건을 세거나 정보를 기록하기 위해 표시를 남겼음을 보여 주는 최초의 증거가 나타나.

3만 5,000년 전
아주 반가운 소식이야! 구멍이 세 개인 기본 형태의 피리 덕분에 오락과 문화를 즐기게 돼. 그림도 계속 그렸지.

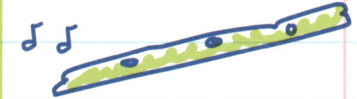

진화에서 일어난 변화

3만~2만 3,000년 전

뼈로 만든 바늘을 이용하여 몸에 잘 맞는 옷을 만들기 시작해.

8,000년 전

기호를 써서 기록한 최초의 문서가 만들어져. 이후 기호 대신 각종 문자가 만들어지고 발달을 거듭해.

9,000년 전

식물과 동물을 길들이기 시작하면서 정착 생활을 하는 공동체를 이루게 돼.

55~15년 전

불과 40년 사이에 인구가 30억 명에서 60억 명으로 두 배가 돼.

최초의 문명은 기원전 4500년경부터 메소포타미아와 이집트, 인더스 강 유역, 중국, 중앙아메리카 지역에서 주로 형성되었어.

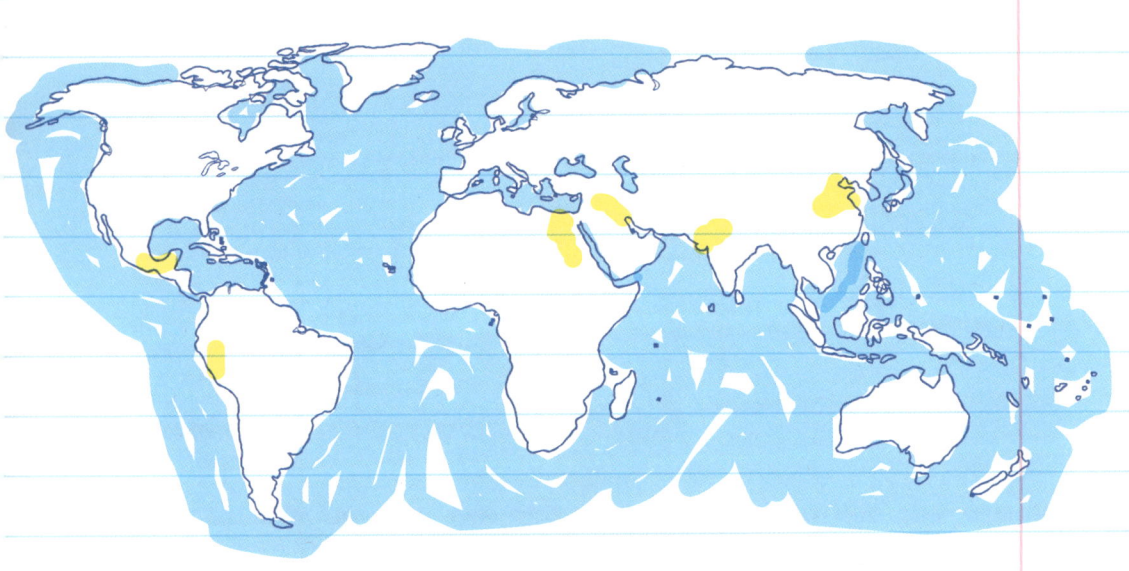

문명을 만들기 위한 레시피

재료 : • 노동 • 예술 • 문자 • 정부

모든 재료를 한데 넣고
수천 년 동안 조리하면 돼.

퀴즈

1. 왜 인간은 신석기 시대를 거치면서 유목 생활을 그만두었을까?

2. 신석기 시대 사람들이 사용한 새로운 농경 기법은 무엇이었을까?

3. '분업'이란 무엇일까?

4. 물물교환의 예를 하나 들어 보자.

5. 새로운 사회에서 군주의 역할은 무엇이었을까?

6. 여가 시간은 문명을 어떻게 발전시켰을까?

7. 잉여생산물이란 무엇이며, 문명의 발전에서 왜 중요했을까?

8. 최초의 문명이 주로 발견된 지역들은 어디였을까?

9. 문자는 무엇을 하는 데 쓰였을까?

10. 초기 국가에서 생겨난 사회 계급에 대해 설명해 보자.

정답

1. 인간은 신석기 시대에 유목 생활을 그만두고 정착 생활을 시작했다. 왜냐하면 농경의 발달로 가축을 기르고, 식량을 재배하면서 안정적으로 식량을 얻을 수 있게 되었기 때문이다.

2. 농부들은 훨씬 더 큰 곡물을 얻기 위해 가장 크고 좋은 작물에서 씨를 골라 그것들만 심기 시작했다. 이를 식물 길들이기라고 한다. 또한 물의 흐름을 통제하는 관개시설의 수로를 이용해서 여러 구역의 땅에 물을 끌어와 사용했다.

3. 분업이란 공동체 내에서 서로 다른 전문적인 역할을 맡는 것을 뜻한다.

4. 물물교환의 예로 직접 엮어 만든 바구니를 식량과 바꿀 수 있었다.

5. 군주는 도시를 이끈 새로운 지도자였다. 법률을 만들어 질서를 세우고 '신권'을 바탕으로 한 권력을 행사했다.

6. 여가 시간 덕분에 수학, 천문학, 문자, 법률 같은 분야에서 아이디어를 내고 창의력을 발휘할 수 있는 시간이 생기면서 문명이 발전했다.

7. 잉여생산물은 필요한 양 이상으로 생산된 나머지 생산물을 말한다. 잉여생산물로 인해 식량이 넉넉해졌기 때문에 굶어 죽는 사람이 줄어들어 인구가 늘어났으며, 여가 시간을 수학, 천문학, 문자 등을 생각하는 데 쓸 수 있었다.

8. 최초의 문명은 메소포타미아와 이집트, 인더스 강 유역, 중국, 중앙아메리카 지역에서 주로 발견되었다.

9. 문자는 수확한 식량과 거래 물품에 대한 기록을 남기는 데 쓰였다. 또한 통치자와 성직자, 무역상, 장인들은 문자를 이용해 법률과 기도문, 족보를 기록하기도 했다. 새로운 이야기를 만들어 낼 때도 쓰였다.

10. 맨 위에는 왕과 왕비, 그 밑에는 성직자가 있었다. 그다음은 관료와 군인이 있고 밑에는 장인과 무역상이었다. 농부가 그 아래에 있었고 계급상 가장 아래에는 노예가 있었는데 재산처럼 소유할 수 있었다.

4번은 정답이 하나 이상 존재한다.

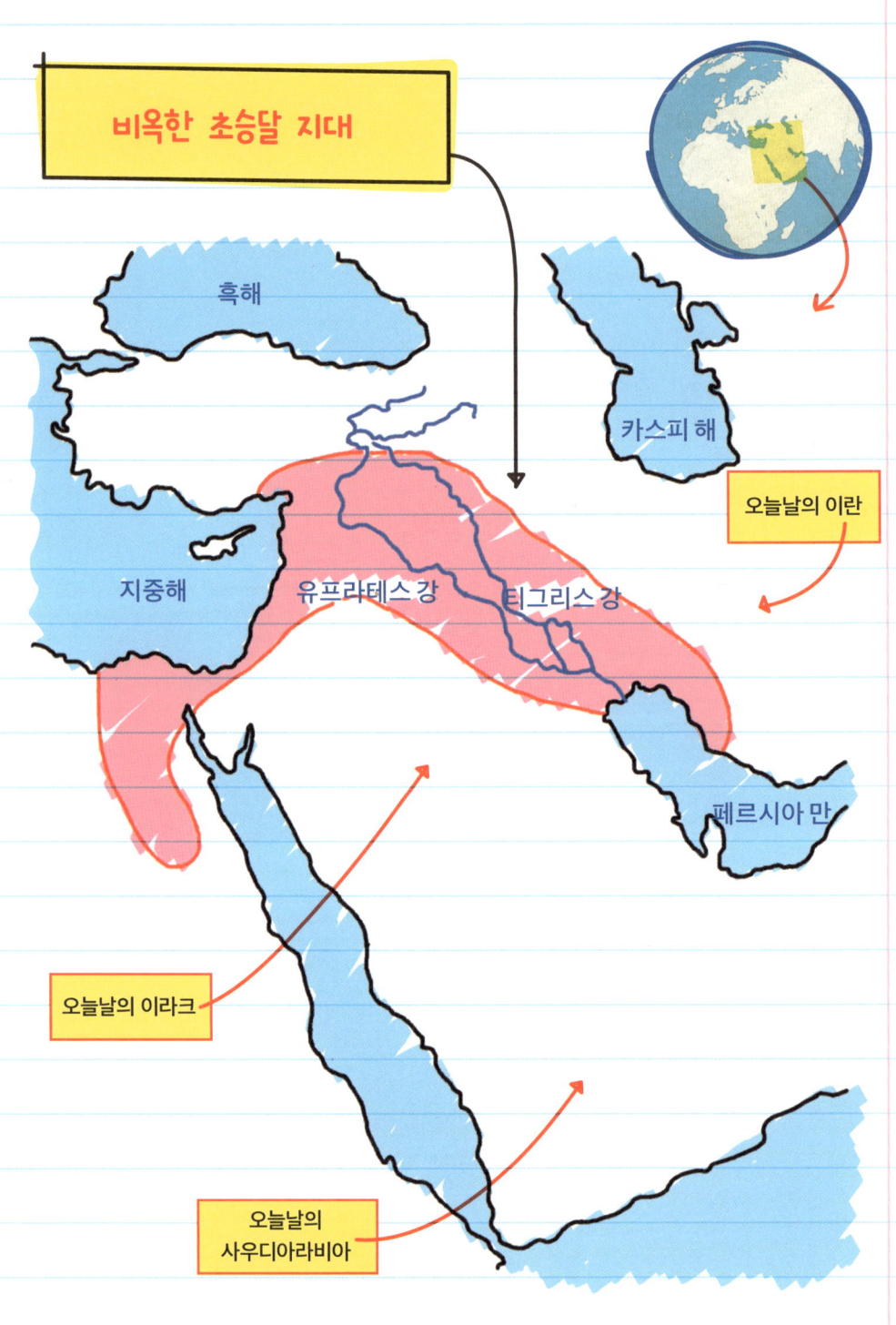

최초의 문명

기원전 3500년부터 서기 300년까지

인류의 문명이 발달한 곳은 대부분 큰 강을 끼고 있어. 물이 풍부하고 땅이 기름져서 농사를 짓기에 좋은 환경이기 때문이야. 또 배를 이용해서 다른 곳과 교역하기에도 좋았어.

비법노트 4장

메소포타미아

기원전 3500년~기원전 612년

메소포타미아

- 아수르
- 티그리스강
- 마리
- 유프라테스 강
- 라피쿰
- 시파르
- 에쉬눈나
- 바빌로니아
- 키시
- 말기움
- 니푸르
- 수사
- 이신
- 라르사 라가시
- 우루크
- 우르
- 에리두

44

최초의 문명은 지중해에서 페르시아 만까지 뻗어 있는 초승달 모양의 비옥한 초승달 지대에서 시작되었어. 토양이 비옥하여 식량이 풍부하게 생산되었지. 비옥한 초승달 지대 내에 있는 티그리스와 유프라테스 두 강이 메소포타미아 지역을 끼고 있었어. 메소포타미아 지역은 무역과 농업 모두에 이상적인 곳이었으므로 많은 인구를 감당할 수 있었지.

수메르

수메르는 메소포타미아 최초의 문명으로, 기원전 3500년경에 발전했어. 매년 봄에 일어나는 강의 범람은 강기슭을 비옥하게 해 주었어. 비옥한 땅에서는 식량이 많이 생산되었지. 하지만 여름과 가을에는 가뭄, 봄에는 홍수 피해를 입었어. 관개시설과 배수로를 이용해 홍수와 가뭄에 대비하려고 했지만 자연 현상을 통제할 수는 없었어. 이를 보며 수메르인은 통제 불가능한 다른 힘이 작용한다고 확신했고, 종교에 의지하게 되었어.

종교와 통치 계급

수메르인은 여러 신을 믿는 **다신교**도였어. 신을 섬기고 그들에게 복종하면 풍성한 수확을 얻을 수 있을 것이라고 믿었지. 그들은 도시 최고의 신이나 여신을 위한 **지구라트**를 만들었어.

> **다신교**
> 여러 신을 섬기는 종교

지구라트는 피라미드 모양 신전이야. 진흙 벽돌로 만든 지구라트는 꼭대기까지 계단이 있는 거대한 탑이었어. 하지만 돌로 만든 이집트 피라미드처럼 오래가진 않았어.

수메르인은 우주를 날아 있는 신들이 지배한다고 생각했어. 그래서 수메르는 성직자가 권위 있는 역할을 담당하는 **신권정치** 체제였어. 왕은 신권을 바탕으로 통치했고, 거대한 성에 살았지.

> **신권정치**
> 신이 최고의 통치자인 통치 형태

> 메소포타미아인은 3,000 종류에 가까운 신을 만들어 숭배했어.

문자와 교육

기원전 3000년경 수메르인은 <u>설형 문자</u>를 만들었어. 부드러운 점토판에 갈대로 빼기 모양 자국을 내는 방식의 문자 형태야. 일단 자국을 낸 뒤 판을 햇볕에 말리면 더 이상 수정할 수 없었어. ←

사물 → 그림 → 설형 문자 → 단어

물고기 / 소 / 새

> '되돌리기' 기능이 없었지.

점토판에 전문적으로 문자를 새기는 사람을 <u>필경사</u>라고 했어. 필경사는 학교에서 공부를 마친 다음 복제 담당자나 교사, 법률 제정가, 지도자로 일을 했어. 수메르 사회의 중요한 일원이었던 그들 덕분에 역사가 글로 기록된 거야.

> 기록을 하는 목적으로만 문자가 쓰였던 건 아니야. 수메르인은 전설의 왕과 그의 제일 친한 친구 엔키두의 모험을 다룬 **서사시**인 『길가메시』처럼 현재에도 존재하는 문학작품들을 남겼어.

> **서사시**
> 주로 영웅에 초점을 맞춘 긴 시

수메르인은 최초의 학교를 열었는데, 새로운 설형 문자를
만들어 내는 데 초점을 맞추었어.

정말 고마워요, 수메르인들.

도시 국가

수메르 왕국은 여러 **도시 국가**로 구성되어 있었는데, 각자 정치적으로 독립된 국가 역할을 했어. 독자적인 통치 체제와 군대, 왕이 있었지. 신전에서 도시 국가 간 교역을 규제했는데, 이곳이 잉여생산물의 저장 공간 역할도 했어. 털이나 밀과 같은 상품을 목재나 수입산 구리로 물물교환했지. 성직자들은 각 도시 국가에서 농민들에게 소작료를 거두며 세무 **징수관** 역할을 하는 경우가 많았어.

징수관
세금을 매기고 거두어들이는
일을 하는 사람

하지만 도시 국가 간에 영토 문제와 물 문제로 싸움이 잦았어. 결국 메소포타미아 최초의 문명이 몰락하는 결과를 낳았지.

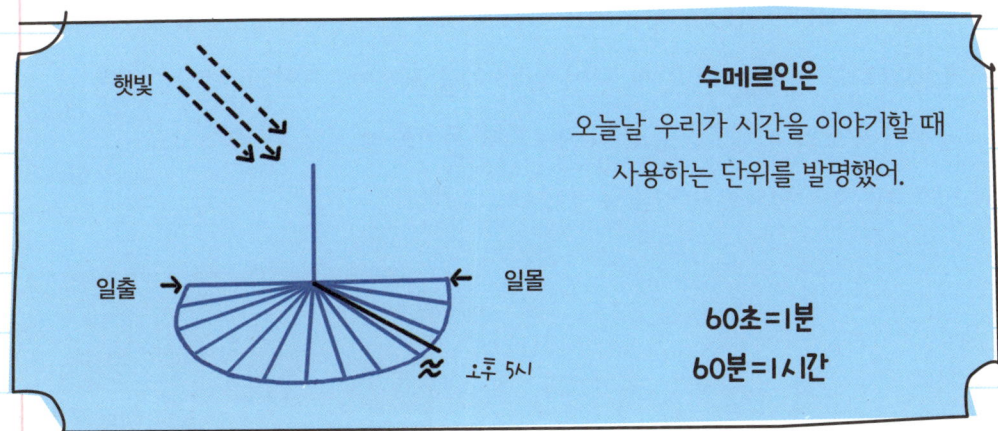

햇빛

일출 → ← 일몰
오후 5시

수메르인은
오늘날 우리가 시간을 이야기할 때
사용하는 단위를 발명했어.

60초=1분
60분=1시간

47

아카드

아카드 역사상 가장 훌륭한 왕이라 불리는 사르곤 1세가 50년 넘게 (기원전 2350~2294년경) 아카드를 통치했어. 사르곤 1세는 수메르의 도시 국가들을 통일했어.

> 아카드인은 초기에 북아프리카와 서남아시아에서 발생하여 널리 퍼진 언어인 **셈어**를 썼어. 아카드가 수메르를 통치하는 동안 아카드 방언이 메소포타미아의 주요 언어가 되었지만 수메르어와 에블라어, 바빌로니아어처럼 메소포타미아에서 생긴 다른 언어들도 있었지. 셈어는 오늘날 수백만 명이 사용하는 아랍어를 말해.

바빌로니아

바빌로니아인은 비옥한 초승달 지대 서부에 살았어. 가장 유명한 바빌로니아 지도자는 함무라비야. 수메르와 아카드 등의 북부 도시를 정복하여 기원전 1800년경 바빌로니아 제국을 세웠지. 바빌로니아인은 무역을 활성화하고 여행을 더 쉽게 하기 위해 길을 닦았어. 직물과 향신료 같은 상품이 인도와 이집트처럼 먼 곳으로부터 들어올 수 있었지. 무역상과 상인들은 독자적으로 사업을 운영했어.

> **제국**
> 황제가 다스리는 나라. 황제는 왕이나 제후를 거느리고 국가를 통치하는 왕을 뜻한다.

함무라비는 함무라비 법전으로 가장 유명해. 282개 항목의 법률을 문자로 기록한 최초의 법전이지. 사람들은 범죄를 저질렀을 때 어떤 처벌을 받게 되는지 처음으로 알 수 있었어. 이 법전은 특정 사건에 대해 판결을 잘못 내린 재판관에 대한 처벌부터 붕괴된 집을 지은 건축가에 대한 처벌까지 일상생활의 모든 측면을 다루었어. 그리고 '눈에는 눈, 이에는 이'라는 원칙을 바탕으로 만들어졌어. 처벌이 범죄의 죄질과 같아야 한다는 뜻이야. 하지만 피해자와 범법자의 계급에 따라 처벌에 차이가 있었어.

메소포타미아의 **가부장제** 사회에서는 남성이 가장 큰 힘을 지녔고, 여성과 아이들을 처벌할 수도 있었어. 바빌로니아는 기원전 1500년경 히타이트인들에게 정복당하면서 멸망하고 말아.

> **가부장제**
> 한 집안에서 가장 나이가 많고 권위가 있는 남자가 가족을 지배하는 가족 형태

아시리아

기원전 2000년경에 생겨난 아시리아 제국은 메소포타미아 최초의 제국들 중 하나였어. 아시리아 제국은 오늘날 이라크 북쪽 지방에 속하는 메소포타미아 북부 지역을 점령했지. 아시리아 영토는 외부인들이 침략하기 쉬웠어. 그래서 아시리아인들은 노련한 전사가 되는 방법을 익혀서 침략당하는 대신 공격하기로 했어. 오늘날 이집트에 있는 나일 강으로부터 페르시아 만에 이르는 영토를 정복했지.

아시리아의 가장 훌륭한 지도자인 사르곤 2세는 기원전 722년부터 705년까지 통치했어. 사르곤 2세는 이 거대한 제국을 절대 권력으로 다스렸는데, 왕의 결정이면 무엇이든 법이 되었다는 뜻이야.

아시리아인은 사람이 말을 타고 일주일 내에 왕국 곳곳에 메시지를 전달하는 통신 체계를 발전시켰어. 이 방법으로 왕과 총독들이 연락을 주고받을 수 있었지. 지중해까지 교역망을 확장하기도 했어.

아시리아 수도 니네베는 학문의 중심지가 되었어. 건조시킨 점토판들을 보관해 놓은 세계 최초의 도서관도 있었지.

아시리아인은 기원전 612년에 메디아인과 페르시아인, 스키타이인에게 무릎을 꿇었어.

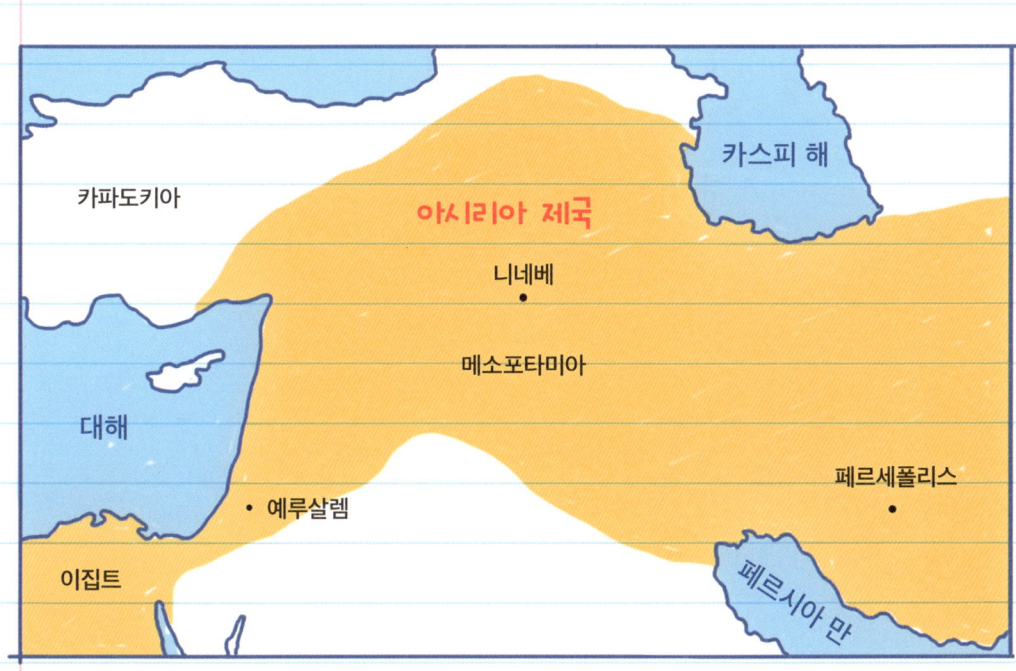

바빌로니아와 칼데아인

기원전 612년경, 수학과 천문학의 달인이었던 칼데아인에 의해 바빌로니아가 다시 부흥했어. 바빌로니아인은 수성과 금성, 화성, 목성, 토성, 이 다섯 개 행성을 처음으로 발견한 사람들이었지. 실제로 사람들이 매일 밤 별의 위치를 도표에 그리는 방법으로 행성과 별을 연구했어.

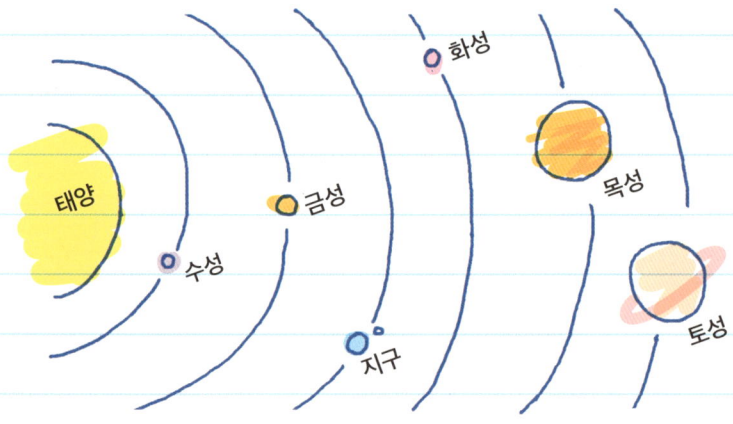

퀴즈

1. 메소포타미아 최초의 문명은 무엇일까?

2. 이 지역의 지형이 문명 발달에 어떤 도움을 주었을까?

3. 설형 문자란 무엇이며, 수메르 사회에서 왜 중요했을까?

4. 도시 국가란 무엇일까?

5. 아카드의 사르곤 1세는 누구이며, 왜 중요한 인물이었을까?

6. 바빌로니아인의 업적은 무엇이었을까?

7. 함무라비는 누구였으며, 그가 바빌로니아 제국에 기여한 것은 무엇이었을까?

정답

1. 메소포타미아 최초의 문명은 수메르 문명이었다.

2. 최초의 문명은 비옥한 초승달 지대에서 시작되었는데, 물이 풍부하고, 토양이 기름져서 농사를 짓거나 배를 이용해서 다른 도시와 교역하기에 좋은 환경이었다.

3. 설형 문자는 점토판에 갈대를 이용하여 적은 문자 형태이다. 이 문자로 수메르인은 역사와 구전되어 내려오던 이야기, 시를 기록으로 남겼다.

4. 도시 국가란 정치적으로 독립된 도시를 일컫는 말로, 독자적인 정부와 군대, 왕이 있었다.

5. 사르곤 1세는 50년 넘게 아카드를 통치한 지도자로, 수메르의 도시 국가들을 통일했다.

6. 바빌로니아인은 함무라비 법전을 만들었다. 또한 무역을 활성화하고, 여행을 쉽게 하기 위해 길을 닦았다.

7. 함무라비는 수메르 북부의 도시들을 정복하여 바빌로니아 제국을 세운 지도자였다. 그는 함무라비 법전으로 가장 유명하다. 함무라비 법전은 글로 쓰인 최초의 법전이었다.

비법노트 **5**장

고대

아프리카

기원전 3500년~기원전 32년

이집트

이집트는 강 유역에서 발생한 최초의 문명 중 하나로 나일 강 유역에 자리 잡고 있었어. 세계에서 가장 긴 나일 강은 길이가 약 6,700킬로미터인데, 아프리카를 관통해 북쪽으로 흐르다가 지중해로 흘러들어 가기 직전에 물길이 여럿으로 갈라지면서 **삼각주**를 형성해. 나일 강의 삼각주를 하 이집트라고 불러. 남쪽 땅은 상 이집트라고 부르지.

> 서울에서 부산까지 여덟 번을 왕복해야 하는 거리야.

> **삼각주**
> 강 하구에 있는 평지

1년에 한 번씩 나일 강이 **범람**하면 강기슭에 비옥하고 검은 흙이 쌓였어. 이 땅을 케메트 혹은 '검은 땅'이라고 불렀고, 건조한 사막 지역은 '붉은 땅'이라고 불러어.

> **범람**
> 큰 물이 흘러넘침

케메트는 아주 기름져서 농사를 짓기에 완벽한 곳이었어. 그래서 많은 사람들이 이곳에 모여들면서 인구가 빠르게 늘어났지. 정기적으로 발생하는 강의 범람 때문에 날짜와 시간, 숫자 등 **역법**을 기록하게 되었어. 나일 강 덕분에 운송과 통신도 매우 발달했어. 나일 강의 신 하피는 신들의 왕 아몬 레와 내세의 신 오시리스, 오시리스의 아내 이시스와 함께 이집트인들에게 높은 칭송을 받았어. 이집트에는 수백 종류의 신이 존재했는데, 퇴토로 여러 여신을 숭배했던 문명이기도 해.

> 주기적으로 흘러넘치는 강 덕분에 1년이 365일로 이루어진 달력이 생기게 되었어.

> **역법**
> 천체의 주기적 운행을 시간 단위로 구분해 정하는 방법

이집트의 통치

이집트는 3,000년 동안 31대의 **왕조**가 통치했는데, 크게 세 시기로 나뉘어.

- 고왕국: 기원전 2700년~기원전 2200년경
- 중왕국 : 기원전 2040년~기원전 1800년경
- 신왕국 : 기원전 1570년~기원전 1070년경

> **왕조**
> 한 집안에서 통치자가 계승되는 것

파라오는 절대 권력으로 이집트를 통치했어. 왕이자, 장군이며, 신관이었지. 이집트인들에게 파라오는 태양신의 아들이자 살아 있는 신으로서 절대적인 존재로 여겨졌어.

> **파라오**
> 고대 이집트의 왕에게 붙인 칭호

이집트 신의 가계도

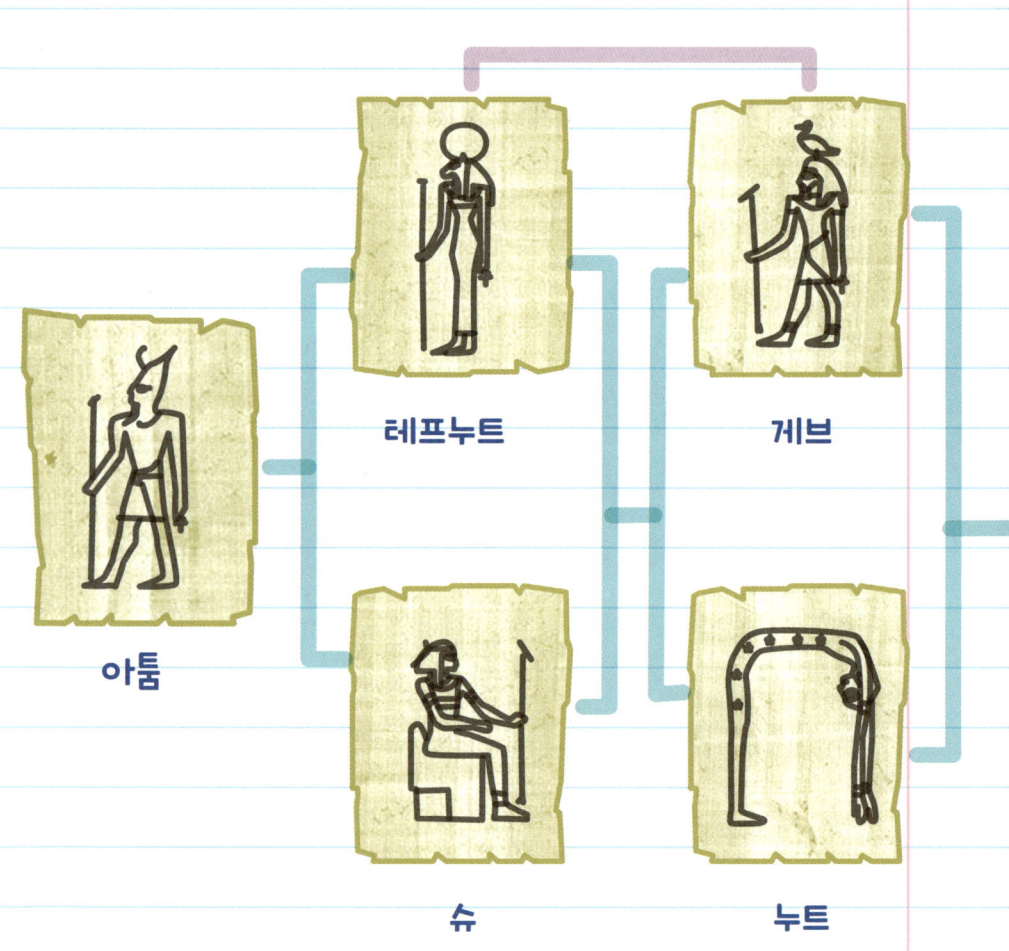

59

고왕국과 중왕국

메네스 왕이 상 이집트와 하 이집트를 통합하여 최초의 통일된 이집트 왕국을 세웠어. 그리고 오늘날 카이로 근처에 있는 멤피스를 수도로 결정했지. 고왕국 시기에는 파라오와 그의 가족이 죽은 뒤에 묻힐 거대한 피라미드들이 건설되기도 했어. 역사학자들은 30개가 넘는 이집트 피라미드 중에서 가장 규모가 큰 기자의 피라미드를 짓는 데 20년이 걸렸고, 10만 명에 이르는 사람들이 동원되었으며, 200만 개 이상의 돌이 쓰였을 거라고 추정하고 있어.

반은 사람, 반은 사자의 모습을 한 거대 조각상 스핑크스는 피라미드를 지키는 수호신이었어.

매년 나일 강이 범람하는 기간에는 농부들이 들에서 일할 수 없으므로 피라미드를 건설하는 작업에 동원되었지. 이집트인은 수학 분야의 방대한 지식, 특히 기하학에 대한 지식을 활용하여 거대한 피라미드를 건설했어.

> 100층만 더 올리면 돼!

> • 이전에는 노예들이 피라미드 건설을 했다고 알려졌어. 하지만 최근 연구에 따르면, 나일 강의 범람으로 농사지을 수 없는 기간에 농부들이 국가에서 임금과 식량을 받으며 피라미드를 건설했다고 해.

60

이집트의 거대한 피라미드 건설을 위해서는 분명 많은 시간과 힘든 노동이 필요했을 거야. 역사학자 대부분은 노동자들이 썰매나 통나무로 만든 굴림대를 이용해 돌을 옮겨서 건축을 완성했을 것이라고 생각해. 또한 흙과 모래로 아래쪽에 경사로를 만들어서 노동자들이 계속 위로 이동하면서 피라미드를 높이 쌓을 수 있게 했어.

기자의 피라미드

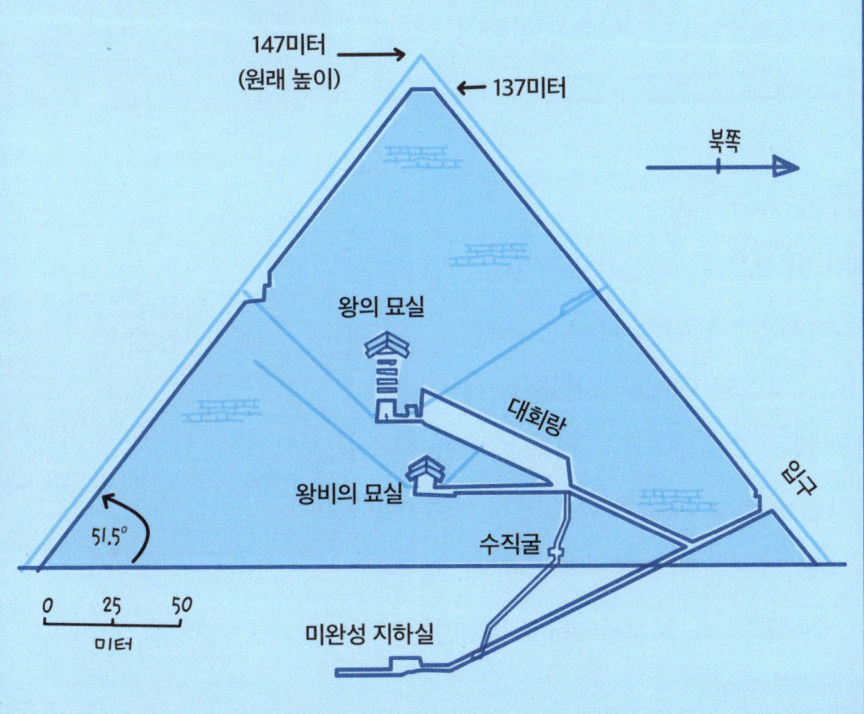

중왕국은 팽창을 거듭한 안정적인 시기였어. 이집트 남부의 한 지역인 쿠시 또는 누비아를 정복했지. 파라오들은 습지대의 물을 빼거나 수로를 파는 등 공공사업을 지원했어.

고왕국의 유명한 파라오들을 소개할게.

조세르 : 재상이자 건축가, 의사였던 '임호테프'에 의해 퇴조의 피라미드가 건설되었어.

쿠푸와 카프라, 멘카우라 : 대 피라미드 건설을 감독했어.

재상
왕을 보필하던 최고위 정치 담당자를 부르는 칭호

신왕국과 투탕카멘

기원전 약 1473년, 왕족인 투트모세 3세가 차기 파라오가 되어야 했어. 그러나 어리다는 이유로 새엄마 하트셉수트가 섭정을 했어. 하트셉수트는 대체로 평화적인 지도자였어. 동부 해안의 푼트 같은 아프리카 다른 지역 도시들과 교역을 장려했어. 교역을 통해 상아와 향료가 이집트에 소개되었지. 하트셉수트의 섭정은 20여 년간 계속되었어.

섭정
왕이 직접 나라를 통치할 수 없을 때에 왕을 대신하여 나라를 다스림. 또는 그런 사람.

62

하트셉수트가 죽고 투트모세 3세가 마침내 권력을 잡게 되면서 이집트는
신왕국 시대로 들어서게 되었지.
투트모세 3세는 2만 명의 군대를 이끌고 시리아와 팔레스타인까지
진출하여 이집트의 통제 아래 두었어.

오늘날 우리에게 가장 유명한 이집트 파라오 중 한 명은
투탕카멘 왕 혹은 투트 왕이라고 불리는 파라오야.
투트 왕은 아홉 살 때 왕위를 이어받지만 열아홉 살까지밖에
살지 못했어. 함께 내세로 간다고 여긴 5,000점 이상의
값비싼 물건들과 함께 무덤에 묻혔지. 또한 투트 왕의 시신은
미라로 만들어졌어. 이집트인들은 죽음 이후에도 영혼의 삶이
계속되려면 일종의 본거지 역할을 하는 신체가 보존되어야
한다고 믿었어. 그래서 기온이 서늘한 사막 깊은 곳에 미라를 묻었어.
이집트인은 미라를 만드는 과정을 통해 인체의 구조와 수술에 관한
광범위한 지식을 얻을 수 있었어.

신왕국은 기원전 1070년경에 붕괴되었어.
마케도니아의 위대한 영웅 알렉산드로스가
기원전 331년에 최종적으로 이집트를 정복했지.

여왕 클레오파트라 7세가 마케도니아 출신의
마지막 통치자가 되었어.

그녀는 로마 제국에 맞서 이집트를 지키기 위한 전쟁을 치렀지. 또 로마의 정치가들을 상대로 외교 전략을 펼치기도 했어. 클레오파트라 7세가 죽은 이후 이집트는 2,000년 가까이 독립국이 되지 못했어.

신왕국의 다른 유명한 파라오들을 소개할게.

아케나텐과 네페르티티 :
투트 왕 이전 파라오였던 아케나텐은 이집트 신들을 유일신으로 대체하여 태양의 신 (아톤)에 대한 숭배에 초점을 맞추려고 애썼어. 원래 그는 아멘호테프 4세라 불렸지만 신을 찬미하기 위해 이름을 바꾸었어. 아내인 네페르티티는 이집트에서 가장 아름다운 왕비 중 한 명이었다고 해.

유일신
오직 하나밖에 없는 신

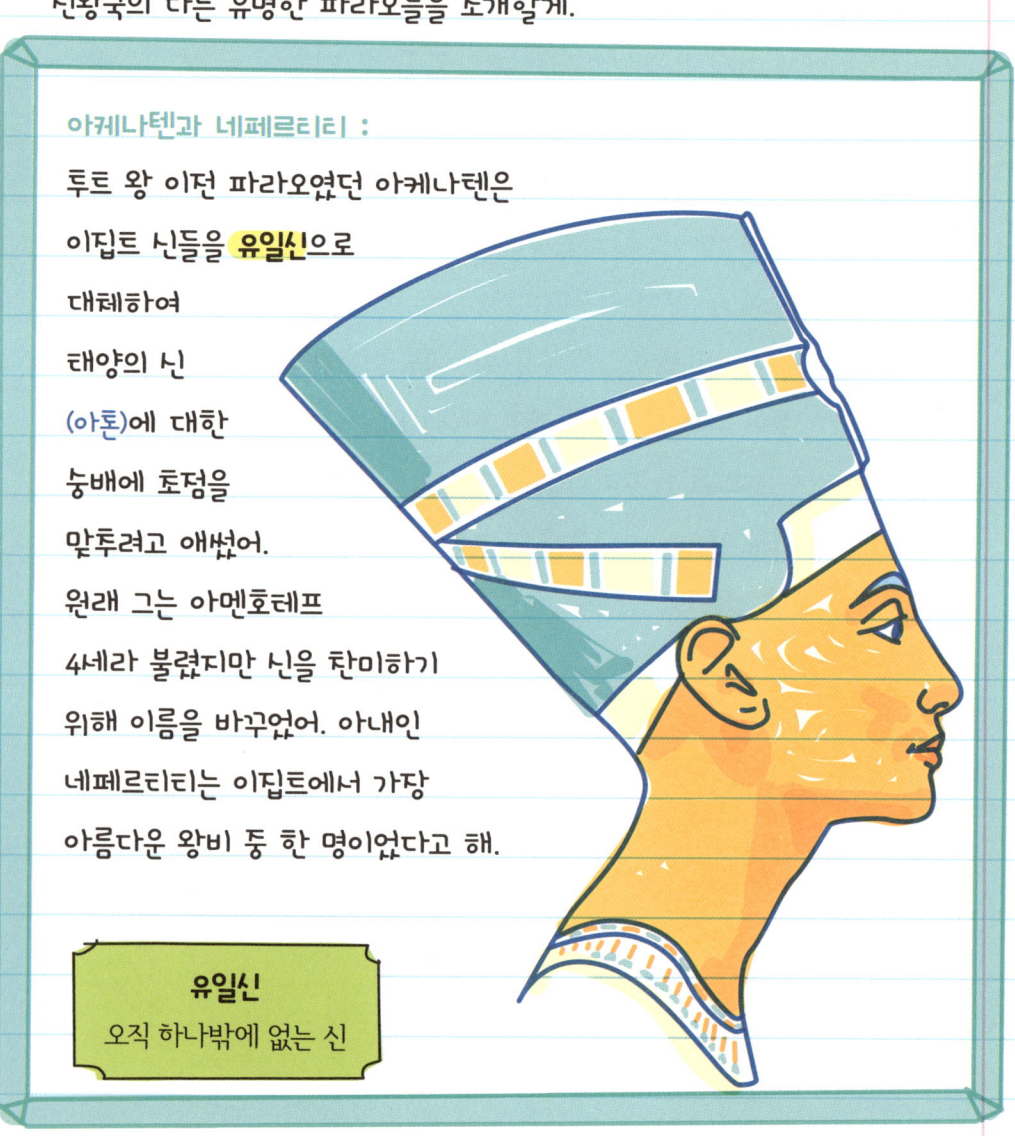

람세스 : 66년(기원전 1279년~1213년) 동안 통치했으며 위대한 전사로 유명했어. 적이었던 히타이트와 세계 최초로 평화 조약을 체결했어. 현대까지 남아 있는 이집트의 여러 유물을 건축하기도 했지.

이집트 예술가들의 그림은 아름다웠지만 독창적이지는 않았어. 예를 들어 신체의 일부는 앞을 향하고 일부는 옆을 향하고 있는 자세의 그림을 자주 그렸어. 그래서 작품들이 매력적인 동시에 일관되었어. 가끔씩 예술가들이 재미난 스케치를 하긴 했지만 수천 년 동안 새로운 양식을 도입하지 않았어.

상형 문자

이집트인은 사물의 모양을 본떠 만든 **상형 문자**를 발명했어. 상형 문자는 복잡해서 단어 하나를 쓰려면 문자를 쓴 뒤 그 뜻을 나타내는 그림을 추가해야 했지. 사회의 상위 계층과 중산층만 필경사 훈련을 받았어. 일상적인 업무에서는 상형 문자의 간단한 형태인 **신관 문자**를 사용했어.

파피루스

이집트인은 처음에 점토판에 문자를 썼지만 나중에는 식물로 만든 종이의 일종인 **파피루스**를 발명했어. 파피루스는 지중해 연안의 습지, 특히 나일 강 유역에서 자라는 식물이야. 고대 이집트 이래 9세기경까지 기록용 재료로 사용되었어.

파피루스 줄기를 처음엔 대각선으로 그다음엔 가로로 포개어
만들었지. 그런 다음 한데 포갠 축축한 줄기들을 압축하여 말렸어.
파피루스는 보통 풀로 붙여 길게 연결한 두루마리 형태로 만들었어.
주로 검은색이나 빨간색 물감으로 상형 문자를 썼지만 숙련된 화공은
흰색과 파란색, 초록색, 노란색, 주황색 물감을 쓰기도 했어.

이집트인은 제국 내에서 서로 의사소통을 하고 역사와 업적을 기록하기
위해 파피루스에 상형 문자로 글을 썼어. 가장 오래된 파피루스
두루마리는 기원전 2575년부터 2465년까지 파라오 쿠푸가 통치하던
시절의 것이라고 해. 파피루스는 고대 그리스와 로마, 그 외의 아랍
지역에서도 인기를 누렸어.

오늘날 우리가 사용하는 종이는 중국인이 발명했어.
서기 800년대에 중동에 소개되었지..

고대 이집트의

기원전 3300년~3200년

상형 문자를 만들어서 문자로 의사소통을 해.

기원전 2500년경

피라미드와 스핑크스를 건설해.

기원전 3100년경

메네스 왕이 상 이집트와 하 이집트의 왕국들을 통일해.

주요 사건들

고대 이집트의
고양이 미라

기원전 332년

마케도니아의 알렉산드로스 대왕이 이집트를 정복하고 왕조를 세우는데, 300년 간 통치가 이어져.

나는 정복을 좋아해.

기원전 30년

클레오파트라 여왕이 죽은 뒤 이집트는 로마 제국에 함락되지.

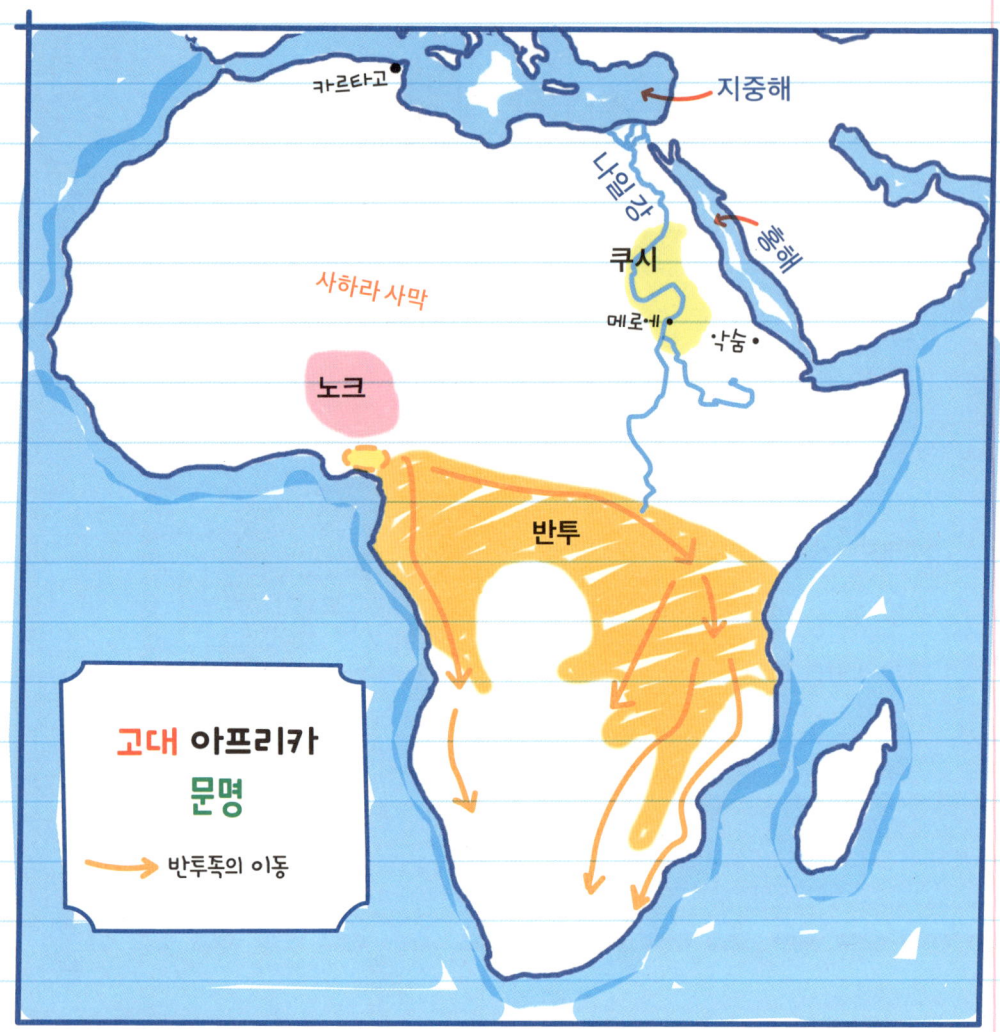

반투족

기원전 2000년경 반투족의 이동이 시작되었어. 반투어를 사용하는 많은 사람들이 서아프리카에서 대륙 남부와 동부로 1,000년에 걸쳐 천천히 이동했어.

여러 초기 문명과 마찬가지로 반투족은 더 비옥하고 가축이 풀을 뜯기에 좋은 땅을 찾아 이전 세대보다 더 멀리 이동했지.

마을은 씨족으로 구성되었는데, 가끔은 이미 사람이 살고 있는 지역으로 이주하여 문화와 작물(얌 등)을 공유하기도 했어.
반투족은 금속 가공 기술과 철제 도구 및 무기를 가지고 있었어.
새로운 이웃들이 환영하지 않는 경우에는 이 무기들을 사용했을 거야.

쿠시 왕국

쿠시 왕국은 기원전 2000년경부터 1500년경 사이에 힘이 가장 강력했어. 누비아라고도 불리던 쿠시 왕국은 이집트 남쪽의 나일 강 주변에 위치한 아프리카 문명이었어. 처음엔 이집트의 통치 아래 있었지.
주요 도시였던 메로에가 통치자들이 주로 살던 곳이었어. 쿠시인은 철제 무기와 도구를 만들었어. 또한 무역이 활발하게 이루어졌어. 인도와 아라비아, 로마 제국과 상아와 금, 흑단, 노예를 거래했지.

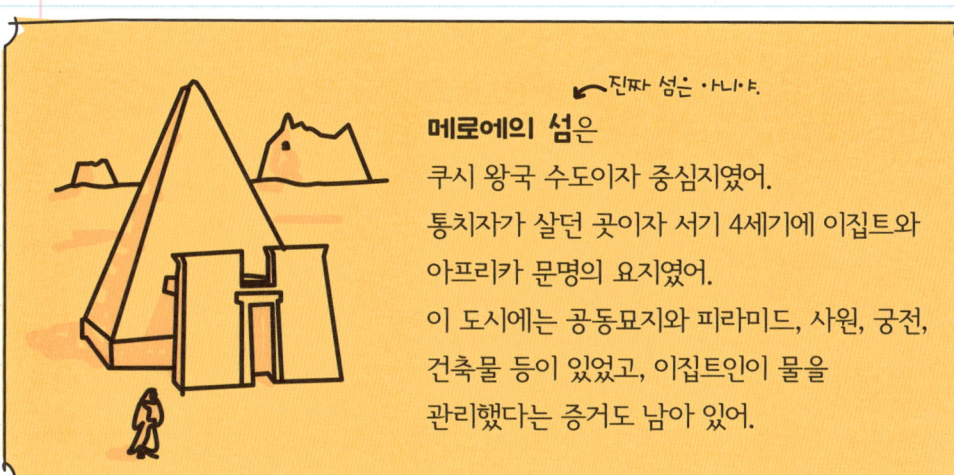

→ 진짜 섬은 아니야.

메로에의 섬은 쿠시 왕국 수도이자 중심지였어. 통치자가 살던 곳이자 서기 4세기에 이집트와 아프리카 문명의 요지였어.
이 도시에는 공동묘지와 피라미드, 사원, 궁전, 건축물 등이 있었고, 이집트인이 물을 관리했다는 증거도 남아 있어.

아프리카의 암각화

암각화는 아프리카에서 가장 오래되고 길게 지속된 예술 형태야. 인간의 우아한 신체와 형형색색의 동물, **반인반수** 혹은 인간과 동물의 특징을 모두 지닌 대상을 표현했지. 언뜻 보기에는 대륙 곳곳의 암각화가 매우 비슷해 보이지만 숙련된 눈으로 보면 미세하게나마 분명한 지역적 차이를 알 수 있어. 역사학자들은 지역에 따라 남부와 중부, 북부의 세 가지 양식으로 분류했어.

세 지역 중 중부 아프리카의 암각화가 가장 독특해. 북부와 남부 암각화는 동물과 인간의 이미지가 평범하지만, 중부 암각화는 대부분 기하학적인 이미지를 표현하고 있지.

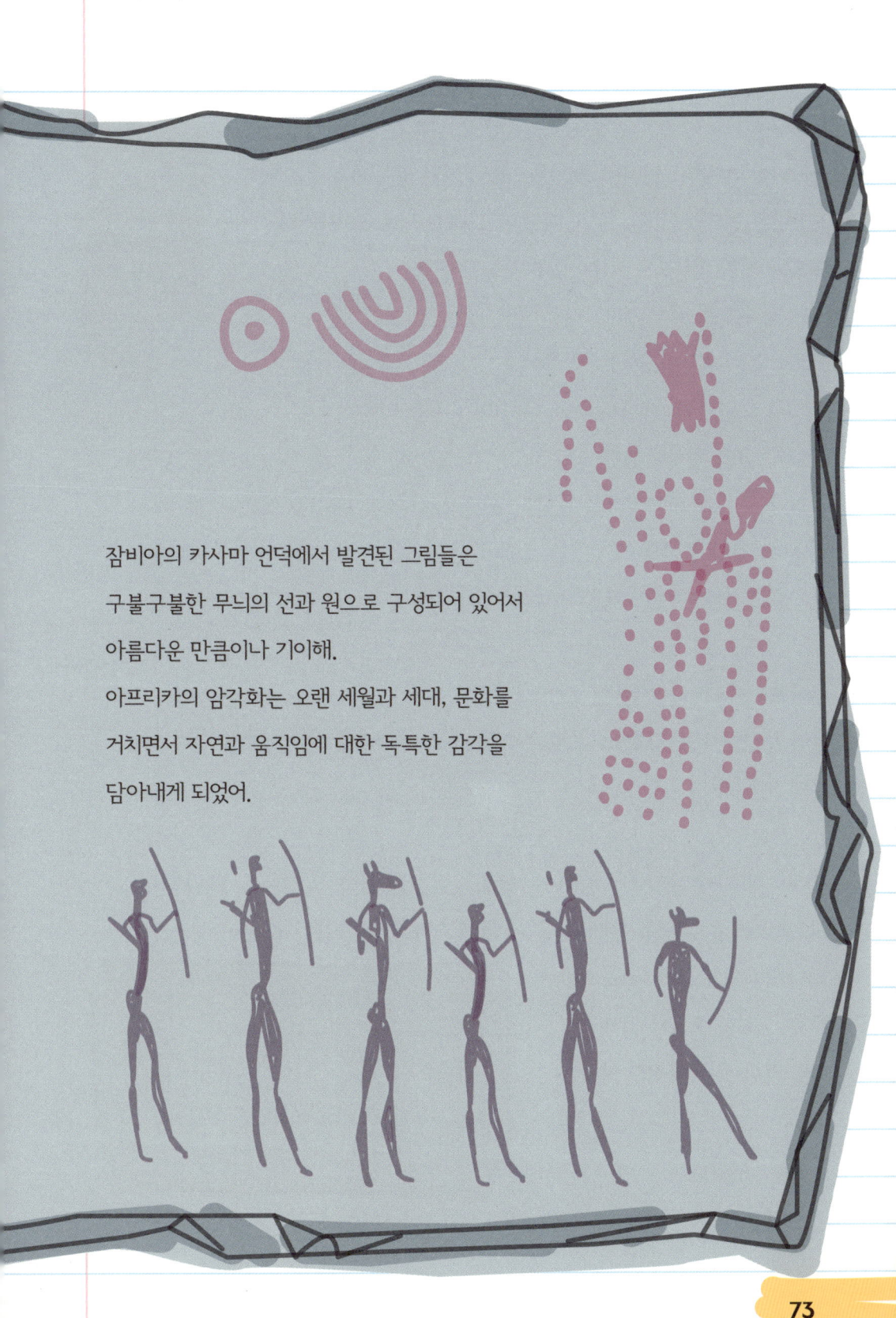

잠비아의 카사마 언덕에서 발견된 그림들은 구불구불한 무늬의 선과 원으로 구성되어 있어서 아름다운 만큼이나 기이해.
아프리카의 암각화는 오랜 세월과 세대, 문화를 거치면서 자연과 움직임에 대한 독특한 감각을 담아내게 되었어.

노크인은 기원전 500년경 사하라 사막 남부와 서부에 살았어. 도시마다 왕이 있어서 대가족으로 구성된 공동체를 통치했지. 노크인은 농부와 상인, 철기 제작자 그리고 점토로 인물상을 만드는 일을 전문으로 하는 공예가로 일했어.

카르타고는 기원전 800년경 북아프리카 해안에 페니키아인이 건설한 도시였어. 에스파냐와 시칠리아 등을 식민지로 둔 거대한 무역 왕국이었지. 카르타고는 약 600년 동안 막강한 세력을 누렸어. 그러나 로마와 세 차례의 끔찍한 전쟁을 치른 후 세력을 잃었지. 이 세 차례에 걸친 로마와의 충돌을 포에니 전쟁이라고 해. 지중해의 지배권을 둘러싸고 벌어진 이 전쟁은 기원전 264년~기원전 146년에 걸쳐 일어났어.

동아프리카에서는 기원전 1000년경 악숨이라는 해안 도시에 대규모의 무역 중심지가 발달했어. 악숨은 지중해와 아시아를 잇는 경로를 통제하며 수백 년 동안 승승장구했어.

고대 아프리카 문화에 대해서는 글로 남은 기록이 매우 드물어. 왜냐하면 아프리카인은 구전을 통해 다음 세대에 정보를 전달했기 때문이야. 역사학자들도 고대 아프리카에 관한 정보를 모으기 위해 구술 역사에 크게 의존하고 있지.

구술 역사
구어, 즉 말을 통해 전해 내려오는 과거에 관한 정보. 보통 문화나 사회의 전통을 지키는 인물로 여기는 연장자나 성직자 등에 의해 전달됨

퀴즈

1. 나일 강은 이집트인에게 어떤 도움을 주었을까?

2. 고대 이집트의 통치 형태를 설명해 보자.

3. 고왕국 시대에 이룩한 중요한 업적은 무엇이었을까?

4. 중왕국 시대에 이룩한 중요한 업적은 무엇이었을까?

5. 이집트인은 처음에 점토에 글을 썼지만 결국 다른 재료로 바꾸었다. 그것이 무엇일까?

6. 이집트를 통치한 여성은 누구였을까?

7. 구술 역사는 사람들의 말로 전해 내려온 과거의 이야기이다. 고대 아프리카를 이해하고자 할 때 다른 문명에 비해 구술 역사가 더 중요한 이유는 무엇일까?

8. 카르타고를 건설한 사람은 누구일까?

9. 카르타고의 위치는 어디였으며, 얼마나 오랫동안 막강한 세력을 유지했을까?

정답

1. 나일 강이 매년 범람하면서 강기슭에 비옥한 토양이 퇴적되어 농사에 도움을 주었고, 달력을 만들게 되었다. 나일 강은 운송과 통신 발달에도 도움을 주었다.

2. 이집트는 절대 권력을 지닌 파라오가 통치했는데, 파라오는 태양신의 아들이자 살아 있는 신으로서 절대적인 존재로 여겨졌다.

3. 기자의 피라미드와 스핑크스 모두 고왕국 시대에 건설되었다.

4. 중왕국 시대는 팽창을 거듭한 안정적인 시기로, 파라오들은 습지대의 물을 빼고 수로를 파는 등 공공 사업에 자금을 투자했다.

5. 풀로 만든 종이의 일종인 파피루스로 바꾸었다.

6. 하트셉수트와 클레오파트라가 이집트를 통치한 여성 통치자였다.

7. 고대 아프리카 문화에 관해 글로 쓰인 기록이 매우 드물기 때문에 구술 역사는 고대 아프리카의 역사를 이해하는 데 중요한 역할을 한다.

8. 페니키아인이 카르타고를 건설했다.

9. 카르타고는 북아프리카 해안에 있었다. 로마와 포에니 전쟁이라는 세 차례의 전쟁을 벌이기 전까지 약 600년 동안 막강한 세력을 누렸다.

비법노트 **6**장

페니키아인과 이스라엘 민족

페니키아

페니키아인은 다신교를 믿던 민족으로, 지중해 동부 연안에 정착해 기원전 1550년부터 기원전 300년까지 살았던 뱃사람들이야. 무역과 알파벳, 두 가지로 가장 유명하지.

페니키아인은 무역으로 자신과 경쟁하는 사람들을 겁주기 위해 바다 괴물에 관한 이야기를 하곤 했어.

페니키아인은 대서양까지 진출해 무역을 했고, 북아프리카 카르타고에 식민지를 건설했어.

그들은 큰 배를 만들어 동부 해안 도시 티레에서 항해를 떠났어. 그리고 삼나무 숲에서 나는 목재와 달팽이에서 얻은 자주색 염료를 무화과와 올리브, 향신료와 교환했어. 자주색 염료는 페니키아인이 옷감을 염색할 때 썼어. 그 당시 자주색은 예쁘고 화려한 색을 대표하는 색이었어. 나중에는 왕족을 의미하는 색이 되었지.

페니키아 문자 체계는 그들이 쓰는 언어의 소리를 나타내는 22개의 알파벳으로 구성되어 있어. 사물을 그림으로 표현하는 것보다 소리로 단어의 철자를 쓰는 쪽이 더 쉬웠지. 새로운 알파벳은 필경사만을 위한 건이 아니었어. 페니키아인이 다른 언어를 쓰는 사람들과 교역할 때 도움을 줄 목적으로 만들었지.
알파벳은 페니키아인이 새로운 지역과 교역하면서 널리 퍼져 나갔어. 그리스, 로마에 전해지면서 오늘날 우리가 쓰는 알파벳이 만들어지게 되었어.

이스라엘

헤브라이인은 기원전 1100년부터 700년경까지 페니키아 남쪽의 이스라엘 땅에 살았어. 역사학자들은 고대 역사에 대한 단서를 찾기 위해 이스라엘 민족의 성서인 토라를 활용해. 헤브라이인의 지도자는 아브라함이었는데 헤브라이인에게 유일신을 가르친 사람이야.

토라에 따르면, 아브라함은 아마도 기원전 2000년에 메소포타미아를 떠나라는 신성한 명령을 받았어. 그 뒤 백성들을 이끌고 가나안, 즉 오늘날의 이스라엘과 레바논, 팔레스타인 지역으로 이동했어. 하지만 헤브라이인들은 가뭄과 흉년으로 인한 굶주림 때문에 이집트로 이동했는데, 그곳에서 결국 노예의 삶을 살게 되었어. 기원전 1450년~1200년 사이의 엑소더스(대탈출) 시기에 모세가 그들을 이끌고 이집트를 빠져나오고 나서야 자유의 몸이 되었지. 결국 헤브라이인은 가나안으로 돌아왔어.

> **엑소더스(EXODUS)**
> 대규모로 떠나는 행위

예루살렘

가나안의 블레셋인들을 물리친 뒤, 다윗 왕은 이스라엘을 통일 왕국으로 발전시켰어. 기원전 1000년에 예루살렘을 수도로 정했지. 다윗의 아들 솔로몬 왕은 예루살렘 성전을 건설했어. 기원전 912년경 솔로몬 왕이 죽자 왕국은 북쪽의 이스라엘 왕국과 남쪽의 유대 왕국으로 나뉘게 되었어. 아시리아인들이 불안정한 상황을 이용하여 세력을 확장했어. 그런 다음 차례로 칼데아인이 헤브라이인을

> 다윗과 골리앗 이야기에 나온 것처럼 말이야.

정복하여 예루살렘을 파괴했고, 그들을 바빌로니아로 **추방**했지. 다음으로 이 지역을 정복한 건 페르시아인이야. 헤브라이인의 귀향을 허가하고 예루살렘과 성전을 다시 건설하게 해 주었어. 헤브라이인은 훗날 유대인으로 알려지게 되었어.

> **추방**
> 사람들을 그들의 국가나 고향에서 강제로 쫓아내는 것

유대교

고대 헤브라이인의 종교는 유대교였어. 헤브라이인과 그들이 믿는 유일신 사이의 **계약**이 유대교의 특징이지. 토라에 따르면, 이 계약은 신의 법을 따를 경우 아브라함의 사람들이 왕이 되어 나라를 세울 것이라고 아브라함에게 약속하는 내용이야.
나중에 모세는 이스라엘 민족에게 가나안 또는 '약속된 땅'으로 돌아가게 해 주겠다고 약속했지.

> **계약**
> 어떤 일을 약속하여 정하는 것이나 합의

토라

십계명은 신이 사람들의 기본 생활 규범을 언급한 유대교의 신성한 법이야. 신이 모세를 통해 헤브라이인에게 전해 주었다고 해.

고대 유대교에는 신을 대신하여 말하는 종교적 스승인 예언자가 있었어. 예언자들은 사람들이 어떻게 살아야 할지에 대한 신의 바람을 조언했지.

퀴즈

1. 유일신을 믿는 민족은 페니키아인과 헤브라이인 중 어느 쪽이었을까?

2. 페니키아인은 무엇으로 유명했을까?

3. 페니키아의 알파벳이 매우 쓸모 있었던 이유는 무엇이었을까?

4. 이스라엘 민족의 성서는 무엇이었으며, 이 성서는 아브라함과 모세에 대해 어떻게 이야기하고 있을까?

5. 페르시아인은 칼데아인을 정복했을 때 무엇을 했을까?

6. 유대교의 주된 특징은 무엇일까?

7. 헤브라이인은 예언자를 어떤 사람이라고 생각했을까?

정답

1. 헤브라이인이 유일신을 믿었다.

2. 페니키아인은 대규모 무역과 알파벳으로 유명했다.

3. 페니키아의 알파벳은 누구나 쉽게 배울 수 있어서 페니키아인이 다른 언어를 쓰는 사람들과 물건을 교역하는 데 도움이 되었다.

4. 이스라엘 민족의 성서는 토라이다.
   토라에는 아브라함이 헤브라이인에게 유일신을 가르쳤고, 신으로부터 민족을 이끌고 메소포타미아를 떠나 가나안으로 가라는 명령을 받았다고 기록되어 있다. 그리고 모세가 대탈출 시기에 헤브라이인을 이끌고 이집트를 탈출했고, 신이 모세를 통해 신성한 법률인 십계명을 헤브라이인에게 주었다고 기록되어 있다.

5. 페르시아인은 칼데아를 정복했을 때 헤브라이인이 이스라엘로 돌아가 예루살렘과 성전을 다시 지을 수 있게 해 주었다.

6. 유대교는 일신교이며, 헤브라이인과 유일신 사이의 계약과 십계명, 예언자가 있다는 특징이 있다.

7. 헤브라이인은 예언자를 신 대신 말을 하고, 인간의 삶에 대한 신의 바람을 전달해 주는 종교적인 스승이라고 믿었다.

비법노트 7장

고대

인도

기원전 2500년~서기 500년

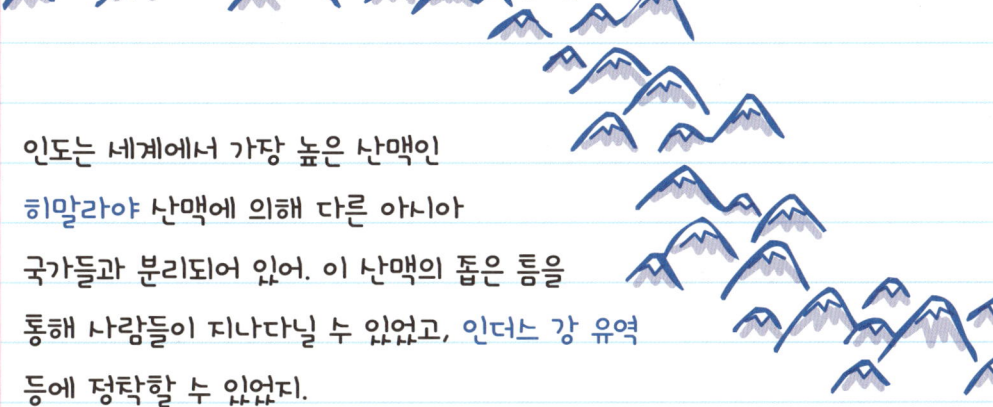

인도는 세계에서 가장 높은 산맥인 히말라야 산맥에 의해 다른 아시아 국가들과 분리되어 있어. 이 산맥의 좁은 틈을 통해 사람들이 지나다닐 수 있었고, 인더스 강 유역 등에 정착할 수 있었지.

인더스 강 유역

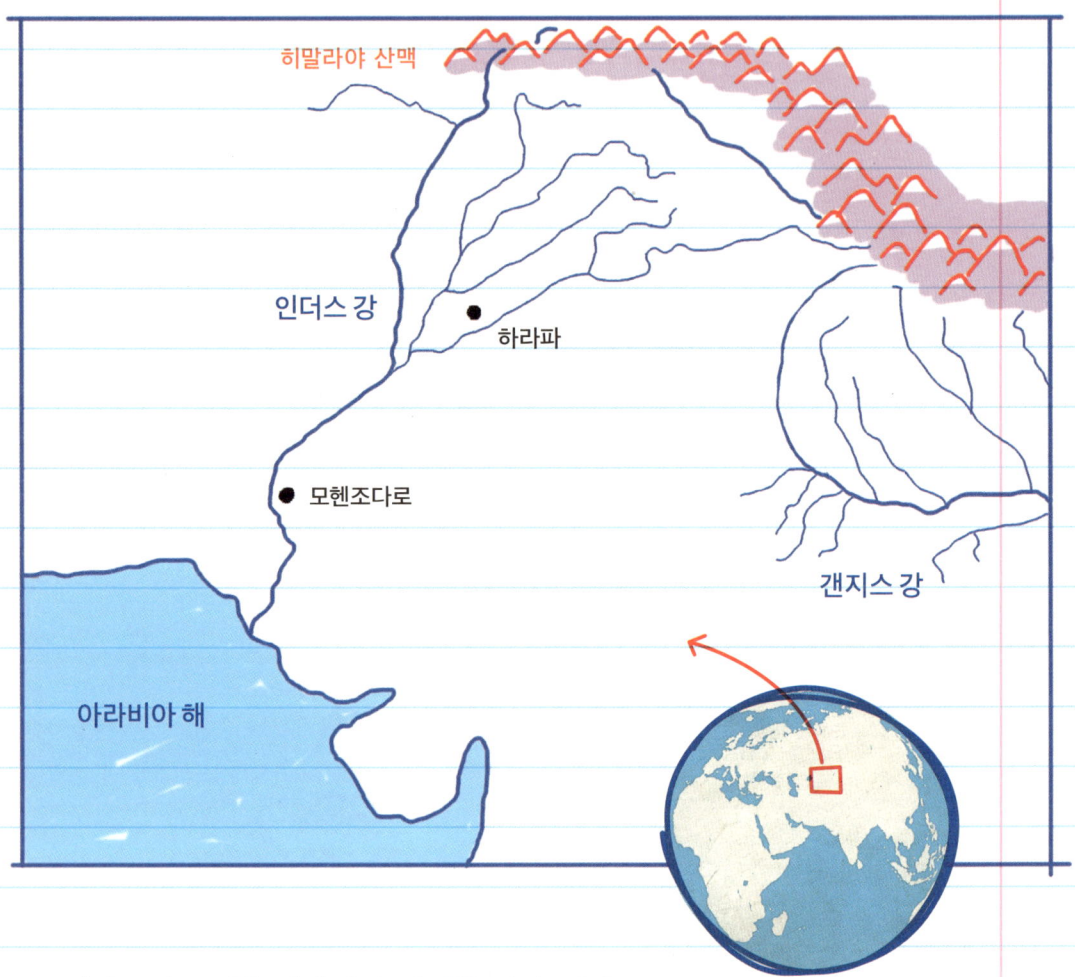

인더스 강 유역은 히말라야 산맥을 지나 멀리 아라비아 해까지 흐르는 인더스 강 주변에 자리하고 있어. 또 다른 강인 갠지스 강도 히말라야 산맥 사이를 흘러 벵골 만으로 흐르지. 두 강 덕분에 농사에 적합한 비옥한 땅이 생겼고, 강기슭에는 주요 도시가 들어섰어. 인더스 강 유역의 도시 하라파와 모헨조다로는 기원전 2500년경에 생겨나서 인구가 4만 명에 이르는 도시로 성장했어.

도시들은 격자 형태, 즉 바둑판 모양으로 주도면밀하게 배치되어 있었어.

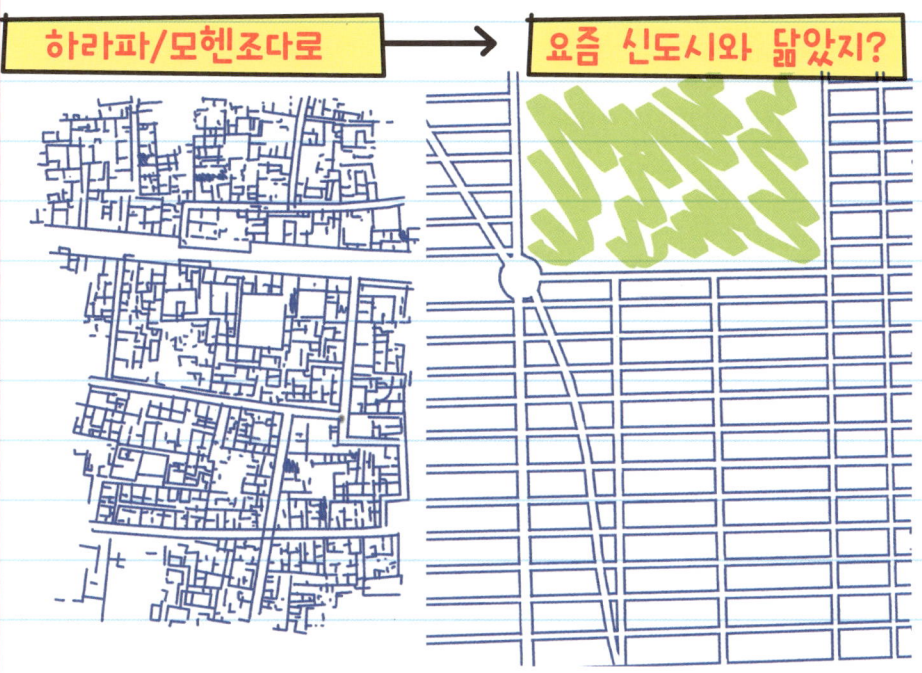

각 도시의 가장 높은 곳에 있던 성채는 곡물 창고 같은 중요한 건물을 보호하는 역할을 했어.
도시는 뛰어난 배수 시설 체계를 갖추고 있었지.
공공 우물이 있었고, 화장실을 갖춘 건물이 많았어(정말 위대한 발명이야).
구리와 목재를 주요 수출품으로 해서 무역도 활발하게 이루어졌어.
수메르인과 주로 교역했는데, 예술품에서 유사한 점들이 발견되는 걸 보면 두 문화가 당시에 활발한 교역을 했다는 걸 알 수 있어.

> **성채(요새)**
> 도시가 내려다보이는 방어 시설

기원전 1800년경 인더스 강 유역 농민들은 이 땅을 떠나기 시작했어. 자연재해와 유목민들의 침략 때문이었던 것 같아.

기원전 1500년경 중앙아시아에서 이주해 온 아리아인이 인더스 강 유역의 원주민과 섞이면서 새로운 문화가 생겨났어. 펀자브 지역을 정복한 후 기원전 1000년경에는 동쪽에 있는 갠지스 지역까지 진출해서 정착했지.

> 기원전 1550년경 인도에서 **산스크리트**라고 불리는 문자 체계가 발달했어. 산스크리트어로 쓰인 가장 오래된 문서는 인도 북부 내륙의 고대 종교 문서인 베다야. 이제는 산스크리트어를 쓰는 사람이 많지 않지만 산스크리트어의 후손 격인 드라비다어는 인도 남부에서 여전히 쓰이고 있어.

사회 구조

인도에는 바르나라는 카스트 제도가 있었어. 카스트는 계급을 뜻해.

카스트 제도
태어날 때부터 계급이 결정되는 사회 제도

브라만 : 사제
가장 높은 계급으로 종교적인 의식을 수행했어.

크샤트리아 : 왕족과 무사
정치, 군사적 업무를 맡았어.

바이샤 : 평민
농업, 수공업, 상업 등에 관련된 일을 했어.

수드라 : 노예
위 세 계급에 헌신·복종해야 했어. 몸으로 하는 비천한 일을 했지.

불가촉천민 : 수드라보다 신분이 낮은 계급
청소, 세탁, 이발, 도살 등 가장 힘든 일을 해야만 했어.

카스트 제도 아래에서 위로 이동하는 일은 없었어. 아무도 커서 무언이 되고 싶은지 묻지 않았어. 혈통에 따라 할 수 있는 일이 이미 정해져 있었으니까.

힌두교

힌두교와 불교는 인도에서 발생한 종교야.

힌두교는 기원전 1500년경 아리아인의 신앙과 인도 원주민 문화가 섞이면서 생겨났어. 힌두교도들은 세상 만물에는 우세한 영적인 힘이 있다고 믿었어. 힌두교도는 브라흐마(창조의 신)와 비슈누(수호의 신), 시바(파괴의 신) 등의 신을 믿어.

브라흐마
비슈누
시바

힌두교도들의 종교적인 신념은 고대 인도의 철학 경전인 우파니샤드에서 찾을 수 있어. 카르마를 통해 영혼이 어떻게 다시 태어날지 결정된다는 환생을 믿지. 착하게 살면 더 높은 계급으로 다시 태어날 수 있고, 나쁜 행동을 하면 벌을 받는다고 믿었어.

카르마
현재의 삶이나 다음 생에 특정한 결과를 가져오는 행동이나 의도

환생
죽은 뒤 영혼이 다른 몸이나 형태를 입고 세상으로 돌아온다는 믿음

네가 완벽한 삶을 살았다면 죽음과 환생의 순환에서 자유로워지고 우주의 영적 중심인 브라만이 된다는 거지.

> **헷갈리기 쉬운 용어들**
> 브라만 계급 : 카스트 제도에서 가장 높은 신분
> 브라흐마 : 힌두교 최고의 신
> 브라만 : 우주의 가장 높은 위치

힌두교도들은 신성한 종교적 법률이자 계급 또는 생활 단계마다 정해진 도덕적 의무 사항인 다르마를 따라야 했어. 다르마가 올바르게 지켜지지 않으면 사회에 혼란이 생긴다고 믿었기 때문이야.

브라만과 하나가 되는 또 다른 방법은 요가였어. 오늘날에는 운동의 한 방법으로 매우 인기가 높지만 힌두교도들에게는 영혼을 자유롭게 하는 수행의 한 형태였어.

불교

불교는 기원전 6세기에 힌두교와 경쟁을 이루는 종교로 발생했어. 편하고 사치스럽게 살던 젊은 왕자 고타마 싯다르타는 어느 날 궁전을 나섰다가 황폐한 현실을 보고 말았어. 질병과 가난, 슬픔, 탐욕, 사랑, 죽음을 발견했지. 싯다르타는 삶의 의미와 인간의 고통을 치유할 방법을 찾기 위해 부를 버리기로 결심해.

싯다르타는 불교의 창시자로, 붓다 또는 '깨우친 자'라고 불렸어. 불교도들은 그가 깨달음을 얻고 삶의 의미를 이해하게 되었다고 믿었지.

91

네 개의 거룩한 진리, 사성제

싯다르타는 힌두교의 **명상** 수행을 받아들여 정신을 더 높은 수준의 깨우침에 이르게 하는 데 초점을 맞췄어.

싯다르타는 사성제를 널리 전파하며 여생을 보냈어. 사성제는 불교 교리의 핵심적인 사상으로, 세상을 살아 나가는 데에는 늘 고통이 따르는데, 이 고통의 원인이 무언이며, 어떻게 하면 이 고통에서 벗어날 수 있는지에 대한 내용을 담고 있어.

명상
침묵을 유지하거나 기도문을 읊조리며 깊이 생각하거나 정신을 집중하는 행위

사성제

고제 : 이 세상에는 고통스러운 일이 너무도 많다. 이 고통에서 벗어나는 방법은 고통을 인정하는 것이다.

집제 : 고통에는 원인이 있다. 고통의 원인은 무지와 욕심과 분노이다.

멸제 : 고통의 원인을 없앰으로써 고통에서 벗어나서 행복할 수 있다. 이러한 상태를 해탈 또는 열반이라고 한다.

도제 : 해탈, 즉 깨달음을 얻는 방법을 실천해야 한다. 이를 실천하기 위해서는 여덟 가지 자세가 필요한데, 바로 팔정도다.

여덟 가지 올바른 길의 원칙, 팔정도

팔정도는 고통의 원인을 극복하고 열반에 이르기 위해 필요한 여덟 가지 방법이야. 열반이란 자아를 벗어나 위대한 세계정신과 대결합하는 영원한 평화를 가리켜. 싣다르타가 죽은 뒤, 기원전 410년에서 370년 사이에 그를 따르던 제자들은 사원을 짓고 계속해서 그의 가르침을 전파했어. 불교가 인도에서 다른 나라로 퍼져 나갈 수 있게 되었지.

> 열반은 너와 대통령 혹은 어떤 계급의 사람이든 누구나 다다를 수 있어.

팔정도

올바른 이해 : 붓다의 가르침을 이해하는 것

올바른 의도 : 자신을 정신적으로, 윤리적으로 개선하는 것

올바른 말 : 상처를 주거나 부정적인 말, 거짓말을 하지 않는 것

올바른 행동 : 다른 생명을 죽이거나, 도둑질하거나, 해를 입히지 않는 것

올바른 생계 : 평화로운 방식으로 일하고 살아가는 것

올바른 노력 : 긍정적으로 생각하는 것

올바른 마음 챙김 : 나 자신과 다른 사람의 몸과 감정, 생각을 알아차리는 것

올바른 집중 : 건전한 사상과 행동에 대해서만 생각하는 것

고대 인도의

기원전 2500년

강 주변의 비옥한 땅에서 자란 작물로 교역을 하는 문명이 인더스 강 유역에서 발달해. 전성기의 인더스 강 유역은 가장 큰 고대 제국이었어.

기원전 1800년경

인더스 강 유역의 제국이 몰락한 것은 자연재해와 침입자들이 원인이었을 가능성이 높지만 인더스 강의 흐름이 바뀌었기 때문일 수도 있어.

기원전 1500년

인도-유럽 지역에서 온 아리아인들이 북쪽에서 쳐들어와. 그들은 갠지스 강 유역에 정착하지.

주요 사건들

기원전 326년

마케도니아 알렉산드로스 대왕이 인더스 강을 건너 인도를 침략해.

나 기억하지? 기원전 332년에 이집트도 침략했지. 내가 한 거야!

서기 50년

로마인들이 진주와 상아, 비단, 향신료, 옷감을 얻기 위해 인도와 교역을 해.

서기 320년~550년

인도는 굽타 왕조 때 황금기를 맞이해. 힌두교가 주요 종교가 되고, 문학과 예술, 건축, 과학 분야에서 급격한 성장을 이루지.

95

마우리아 왕조와 굽타 왕조

기원전 322년경 탄드라굽타 마우리아가 마우리아 왕조를 세웠어. 갠지스 강 유역의 왕국들을 무너뜨리고 세력을 북부와 동부 인도 대부분으로 확장했어. 그의 군대는 강력했고, 전쟁을 위한 코끼리가 9,000마리나 되었지. 찬드라굽타는 중앙 집권적 통치 체제를 수립했어. 절대적인 권력을 행사하는 절대 통치 방식으로 백성들을 다스렸어.

마우리아 왕조

탄드라굽타는 인도를 통일한 마우리아 왕조의
왕이었지만, 누군가 왕위를 노리고 자신을
죽일지도 모른다는 두려움 때문에 하루도
편히 자지 못했어. 음식에 독이 들어 있는지
시험하기 위해 하인에게 먼저 먹어 보게
했고, 같은 침대에서 연속으로 이틀을 잔 경우가 없었지.

탄드라굽타의 손자 **아소카** 왕도 강력한 지도자였어. 중앙 집권적 통치
체제를 더욱 발전시켰지. 아소카는 사람들이 불교의 가르침에 따라
생활하도록 불교를 국교로 삼았어. 왜냐하면 전쟁에서 비참하게 죽어 있는
사람들을 보고 충격을 받았기 때문이었지. 아소카는 백성들에게 불교의
가르침을 전파하고 종교적인 관용을 베풀었어.

아소카 왕이 죽은 뒤 마우리아 왕조는 힘을 잃고 다른 나라의 침략에
시달렸어. 마우리아 왕조가 무너진 뒤 인도에는 200여 년 동안 수많은 군소
왕국이 들어섰다 무너졌다를 반복했지. 그러다 서기 320년에 **굽타** 왕조가
들어섰어. 굽타 왕조는 인도 문화의 황금기를 누렸어.

> 옷감에 무늬를 찍는 기법을 만들었어.

> 철학을 가르치는 학교가 발달했어.

> 인도의 위대한 시인 중 한 명인 칼리다사가 산스크리트어로 된
> 유명한 시 「구름의 사자」를 썼어.

힌두교와 불교의 사원 및 성지를 건축했어.

십진법과 0의 개념을 발명했어.

굽타 왕조의 문화와 교역의 황금기는 5세기 말 훈족이 쳐들어와 인도가 분열될 때까지 계속되었어. 이후 인도 북부는 수백 년간 분열된 상태로 남게 되었지.

퀴즈

1. 인도의 초기 문명이 강을 따라 형성된 이유는 무엇이었을까?

2. 인도를 다른 아시아 국가들과 분리시킨 산맥의 이름은 무엇일까?

3. 카스트 제도란 무엇이며, 어떻게 나뉘어 있었을까?

4. 인도에서 발생한 두 가지 주요 종교는 무엇일까?

5. 두 종교가 어떻게 형성되었는지 간단히 설명해 보자. 각각 기초로 하는 주된 성서와 원칙은 무엇일까?

6. 불교가 인도 밖의 수많은 나라에서 인기를 누리게 된 이유가 무엇일까?

7. 인도 문화의 황금기는 얼마나 지속되었으며, 이 기간 동안 무엇이 발명되었을까?

8. 산스크리트어로 쓰인 가장 오래된 문서는 무엇일까?

9. 아소카 왕의 업적은 무엇이었을까?

정답

1. 인도의 초기 문명은 토양을 비옥하게 해 주는 강을 따라 형성되었다.

2. 세계에서 가장 높은 산맥인 히말라야 산맥이다.

3. 카스트 제도는 태어날 때부터 계급이 결정되는 사회 제도를 말한다. 가장 높은 계급은 브라만이고 크샤트리아, 바이샤, 수드라, 불가촉천민으로 나뉘어져 있다.

4. 힌두교와 불교가 인도에서 생겨났다.

5. 힌두교는 아리아인들의 신앙이 인도 원주민 문화와 섞이면서 생겨났다. 힌두교도는 세상 만물 속에 존재하는 영적인 힘이 있다고 믿었다. 성서는 우파니샤드이다. 불교는 고타마 싯다르타에 의해 생겨났다. 불교의 핵심적인 교리는 사성제이고, 열반에 이르기 위한 원칙인 팔정도가 있다.

6. 싯다르타가 죽은 뒤, 그를 따르던 제자들이 사원을 짓고 계속해서 그의 가르침을 전파했기 때문이다.

7. 인도 문화의 황금기는 굽타 왕조가 들어섰을 때 시작되어 훈족의 침략으로 인도가 분열될 때까지 계속되었다. 이 기간 동안 인도인들은 옷감에 무늬를 찍는 기법과 십진법, 0의 개념을 발명했다.

8. 산스크리트어로 쓰인 가장 오래된 문서는 인도 북부 내륙의 고대 종교 문서인 베다이다.

9. 아소카 왕은 중앙 집권적 통치 체제를 더욱 발전시켰다. 또한 불교를 국교로 삼아 백성들에게 불교의 가르침을 전파하고, 종교적인 관용을 베풀었다.

비법노트 8장

고대 중국

기원전 2500년~서기 220년

다른 고대 문명들과 마찬가지로 중국의 문명도 강에서 시작되었어. 고대 중국인들도 농사를 지었고, 훗날 주요 도시들도 강 근처에 자리했지. 약 5,000년 전 중국의 농경은 주로 황허 강 유역에서 이루어졌어. 폭우와 홍수의 원인이 되는 **계절풍**이 주변 지역을 파괴하곤 했지만 땅은 매우 비옥했어.

> **계절풍**
> 여름과 겨울에 대륙과 해양의 온도차 때문에 1년 주기로 풍향이 바뀌는 바람

상

상은 기원전 1600년경 중국 최초의 도시들을 건설했어. 상 초기에는 왕위 다툼이 끊이지 않아 혼란스러웠지만 기원전 1300년경부터 조금씩 안정을 찾기 시작했어. 영토를 넓히고 왕권이 강화되자 아들에게 왕위를 물려주는 제도가 생겨났지.

귀족들은 땅을 통해 부를 유지했고 권력을 대대로 후손에게 물려주었어. 농부들은 지역의 귀족에게 식량을 제공하고 그들의 보호를 받았어.

상에서는 청동 세공 기술이 발달했어. 상의 청동기는 다양하고, 독특하고, 복잡한 무늬가 있는 것으로 유명해. 또한 최초로 중국의 문자가 발명돼. 바로 갑골 문자야.

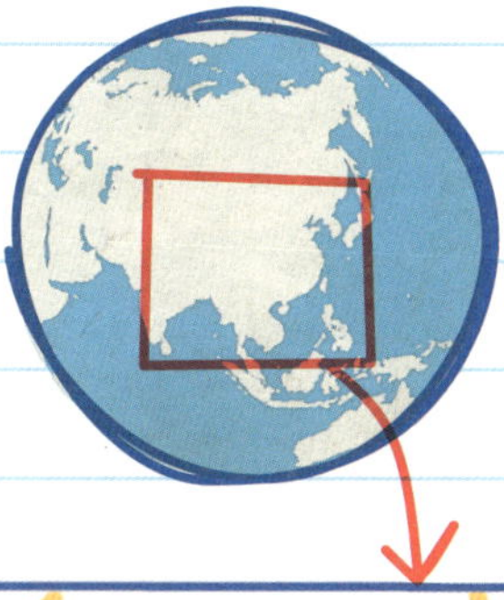

> **귀족**
> 가문이나 신분이 좋아 정치적·사회적 특권을 누리는 계층

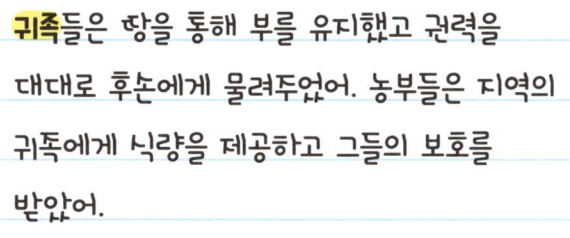

고대 중국

히말라야 산맥

황허 강

오늘날의 중국

동중국해

오늘날의 인도

벵골 만

남중국해

103

갑골 문자

중국 최초의 문자 체계인 갑골 문자가 상 때 만들어졌어. 갑골은 거북 배딱지와 동물의 뼈를 뜻해. 상의 왕은 죽은 조상의 영혼이 자손들의 생활에 영향을 준다고 생각했어. 그래서 조상신에게 제사를 지내고 풍요를 기원했지. 또 앞날을 내다보기 위해 점을 치기도 했는데, 점을 친 뒤 예언의 내용을 거북 배딱지와 동물의 뼈에 새겼어. "작물을 기르려면 언제가 가장 좋을까요?" 등을 묻기 위해 황소 뼈와 거북 껍데기에 질문과 답을 새겼지.

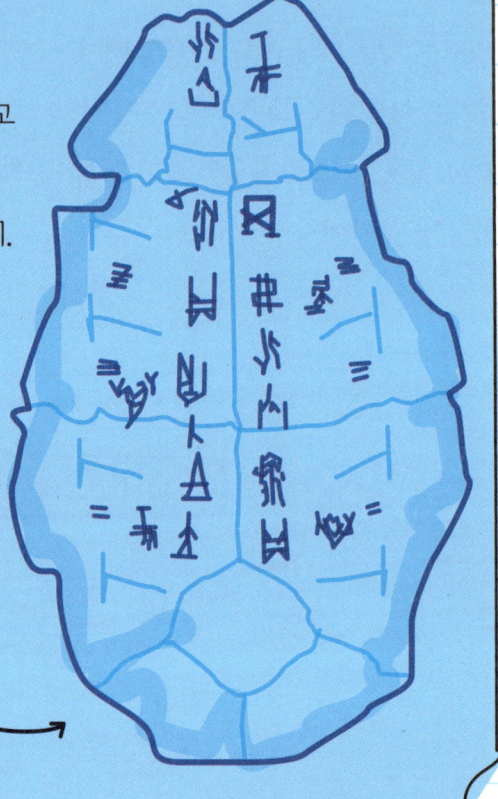

이봐, 나 대신 파피루스를 쓰는 건 어때?

주

기원전 1050년경 주가 세력을 잡고 1,000년 가까이 통치했어. 왕들은 영토를 지키기 위해 요새를 만들고 성벽을 쌓았어. 상과 마찬가지로 왕의 자손이 왕위를 잇고, 왕의 친족이나 공을 세운 신하가 제후 관료가 되어 지역을 다스렸어. 봉건 제도가 본격적으로 시작된 거야.

또 정전법을 실시했어. 땅을 소유한 사람들은 소작농에게 농사를 짓게 했는데, 수확한 곡물의 많은 양을 자신들이 차지했지. 그러나 시간이 흐르면서 제후들이 독립적으로 지역을 다스리기 시작했고, 분열이 시작되었어. 그 이후로 진이 중국을 통일하기까지 권력을 차지하기 위한 전쟁이 끊임없이 일어나게 돼. 이 시기를 춘추 전국 시대라고 해.

> **춘추 전국 시대**
> 춘추 시대와 전국 시대를 아우르는 시기
> 춘추 시대 : 기원전 770년~기원전 403년
> 전국 시대 : 기원전 403년~기원전 221년

진

약 500년간의 싸움은 진의 시황제가 다른 나라를 정복하고 권력을 차지하면서 끝이 났어. 그는 세계 최대의 국경 방어물인 만리장성을 건축하기 시작했지. 수백만 명의 백성들이 만리장성을 만드는 데 동원되었어. 이는 시황제가 죽은 후 농민 반란이 일어나는 결과를 낳았어.

한

한은 농민 반란이 일어난 뒤인 기원전 206년경에 세워졌어. 최초의 황제인 유방은 처음에는 부모가 소작농이었던 하급 관리에 불과했어. 한의 일곱 번째 황제인 무제가 통치하던 시기에 한의 힘이 가장 강력했어. 한은 중국에서 지중해까지 뻗어 있는 교역로인 비단길(실크로드, SILK ROAD)을 통해 서구 세계와 교역을 시작했어. 한의 주요 수출품은 비단이었어. 유럽의 상류층들은 중국 비단을 아주 좋아했어.

비단 속옷 진짜 부드러워!

만리장성

만리장성은 북방 민족의 침입에 대비해 쌓은 방어용 산성이야. 시황제 이후 건축과 보수를 거듭했어. 명 시대에는 몽골의 침입을 막기 위해 대대적으로 확장했다고 해. 길이가 약 6,400킬로미터로, 인류 최대의 토목 공사라고 불려. 현재는 유네스코 세계문화유산으로 지정되어 있지.

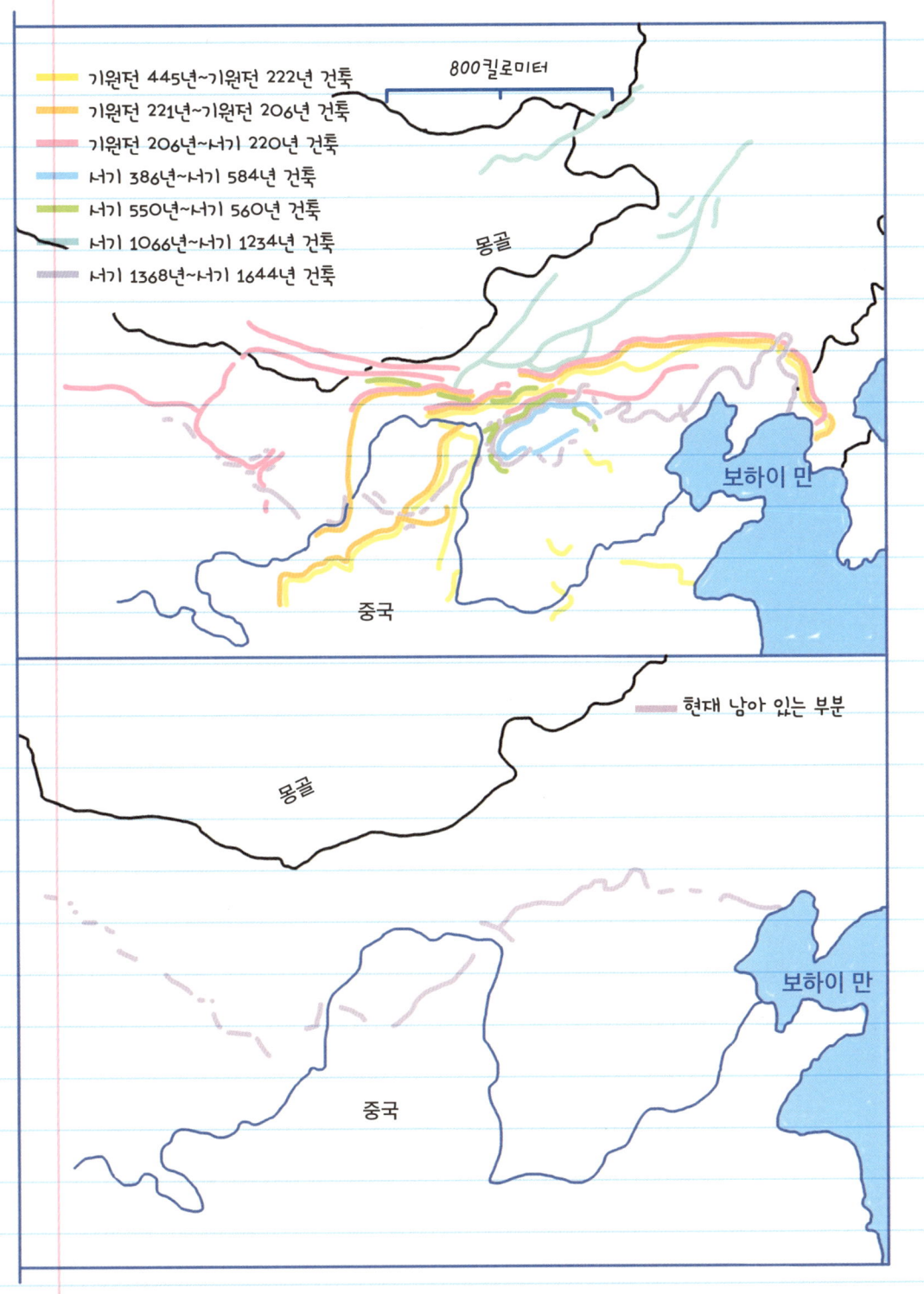

사실 **비단길**은 하나의 길이 아니었어. 중국을 유럽과 중동, 북아프리카와 연결해 주는 교역망으로, 길이가 6,400킬로미터가 넘었지. 이 길을 통해 비단이 오갔기 때문에 비단길이라는 이름이 붙었어. 중국의 비단은 이 길을 통해 로마까지 전해졌고, 로마 상류층을 중심으로 인기가 아주 높았어.

중국 무역상들은 비단 외에도 향신료와 차, 옥을 팔았고, 금과 은, 보석, 상아, 말, 코끼리, 양털을 수입했어. 여러 사상도 비단길을 통해 전파되었지. 예를 들어 불교는 한 시대에 이 길을 여행하던 인도 무역상들에 의해 중국에 소개되었어.

중국인들은 돛단배의 키와 철강을 발명했고 목재 펄프로 종이를 만들었어. 침술처럼 의학의 발전도 이루었지. 한약을 발명했고 향신료와 차, 자기를 교역하기도 했어.

> 화약도 고대 중국에서 발명되었다고 하는데,
> 서기 9세기 당 때의 일이야.

천명

고대 중국의 왕들은 스스로가 하늘의 자손이고, 천명, 즉 하늘의 명령에 따라 국가를 통치할 운명을 타고났다고 믿었어. 또한 왕은 하늘과 땅을 연결하는 존재로 여겨졌지. 왕은 높은 덕으로 백성을 돌볼 의무가 있었어. 신하나 유교 학자들이 백성을 돌보라는 하늘의 명령을 왕이 이행할 수 있도록 도왔어.

중국 사회에서 가족은 매우 중요해. 가장(부모와 연장자)을 공경해야 하는 의무도 있었는데, 이런 사상을 **효**라고 불렀어.

> **효**
> 부모를 잘 모시어 받드는 일

어머니와 아버지, 아이, 사촌, 삼촌, 숙모, 대고모, 할머니, 증조할머니, 고조할머니 등 대가족이 함께 모여 살았어. 다섯 세대나 함께 사는 경우도 있었는데 아마도 가족들의 나이가 한 살부터 백 살까지 다양했을 거야. 초기 중국인들은 존경과 공경의 의미로 세상을 떠난 가족에게 **제사**를 지냈어.

> **제사**
> 죽은 사람의 영혼에게 음식을 바쳐 정성을 나타냄

유교

유교는 공자의 가르침을 바탕으로 하는 철학이야. 공자는 중국의 유명한 스승이자 철학자였어. 기원전 551년에 가난한 가정에서 태어난 그는 앞선 시대를 보낸 사상가들의 잊혔던 가르침을 전했어. 또한 가족과 친구들에서부터 시작하여 중국인들에게 평화와 안정을 가져다주기 위해 노력했지.

유교에는 오륜이라는 다섯 가지 인간관계에서 사람이 지켜야 할 도리가 있어.

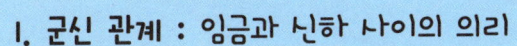

1. 군신 관계 : 임금과 신하 사이의 의리

2. 친구 관계 : 친구 사이의 믿음

3. 부부 관계 : 부부 사이의 구별과 공경

4. 형제 관계 : 형과 아우 사이의 차례와 질서

5. 부자 관계 : 아버지와 아들 사이의 사랑과 섬김

유교는 한 시대에 국교화되었고, 국가의 통치 이념으로 발전했어. 뿐만 아니라 사회 제도와 학문에 영향을 주었지.

도가

도가는 기원전 500년경 유교와 함께 중국 철학의 두 주류를 이루었던 사상이야. 노자와 장자의 사상을 바탕으로 해서 노장 사상이라고 부르기도 해. 도교를 따르는 사람들은 단순하고 이타적인 삶을 통해 자연과 조화를 이루며 사는 균형 잡힌 생활을 할 때 행복이 온다고 믿어. 도교와 유교 모두 종교라기보다는 철학으로 여겨져. 삶에 대한 영적인 의미를 찾기보다는 인간의 행동을 탐구하기 때문이야.

시간이 흐르면서 도교는 체계적인 종교로 발전했어. 서로 다른 생각을 지닌 더 많은 글과 신들, 학교가 생겨났지. 오늘날 중국 내에서는 불교와 도교가 가장 인기가 높아.

음과 **양**은 아마도 현대 사회에 가장 잘 알려진 도교의 상징일 거야. 어두운 쪽의 음은 그림자와 물, 서쪽, 호랑이를 뜻해. 밝은 쪽인 양은 빛과 불, 동쪽, 용과 관련이 있지. 음과 양은 개별적으로는 대립하는 생각들을 나타내지만 둘이 함께 균형을 이룰 때 우주가 조화를 이룬다는 거야.

분열된 중국

서기 220년 무렵 한은 혼란에 휩싸였어. 황제 자리를 둘러싼 권력 다툼은 물론이고 관리들의 횡포와 자연재해 때문에 굶주린 농민들의 반란이 곳곳에서 일어난 거야. 그중 유명한 농민 반란 사건이 황건적의 난이야. 결국 한은 위, 촉, 오 삼국으로 분열되었어. 그 후 위진 남북조 시대를 거치지. 이 시기는 다음 통일 왕조가 등장할 때까지 400년 동안이나 계속되었어.

> 우리가 재미있게 읽는 『삼국지』가 이때를 배경으로 한 이야기야.

흉노와 한의 대립

동아시아의 북쪽 초원에는 기마 민족이자 유목 민족인 흉노가 있었어. 기원전 2세기경 흉노는 국가를 세우고 강력한 힘을 가지게 되었지. 흉노는 한을 위협했어. 한은 흉노와 싸웠지만 싸움에 지고 말았지. 한은 싸움을 피하려고 흉노에 공주를 시집보내고, 매년 조공을 바쳤어. 한 무제 때 이르러서야 흉노와 다시 전쟁을 벌였고, 패배한 흉노의 힘은 약해졌어. 이들은 결국 남흉노와 북흉노로 분열되었지.

한반도 최초의 국가, 고조선

한반도와 만주에서는 청동기 문화가 발전하면서 한반도 최초의 국가가 세워져. 바로 고조선이야. 기원전 400년경부터는 중국으로부터 철기 문화가 보급됐어. 이를 바탕으로 고조선은 더욱 성장하지. 고조선은 경제력과 군사력을 앞세워 세력을 넓혀 갔어. 그러나 기원전 108년 한 무제가 침략하면서 멸망해. 한은 고조선 영토를 다스리기 위해 한 군현이라고 부르는 낙랑, 임둔, 진번, 현도 네 개의 군을 설치했어. 고조선 뒤에 등장한 고구려가 한 군현을 몰아내지. 북쪽에는 부여와 고구려가, 남쪽에는 백제와 신라가 세워져.

동남아시아의 국가들

동남아시아 국가들은 중국과 인도 사이에 있는 지리적 영향을 크게 받았어. 북부 베트남은 중국의 영향을 받았지만 대부분은 인도 문화를 받아들였지. 게다가 일찍부터 해상 무역이 발달했어. 덕분에 베트남, 캄보디아, 미얀마 등 동남아시아 국가는 중국, 인도, 이슬람의 문화가 섞여 다양하게 발전했지.

중국과 동아시아의 공통점

오늘날 동아시아 국가는 정치와 문화 면에서 비슷한 점이 많아. 바로 유교 때문이야. 중국은 유교를 통해 황제의 권위를 강조했어. 이런 모습은 중국과 주변 국가와의 관계에서도 나타나. 중국은 황제의 국가, 주변 국가는 신하의 국가가 되어 중국에 조공을 바쳐야 했어.

가부장적인 사회 질서를 만들고 효를 강조하는 모습도 마찬가지야. 유교에서 강조하는 내용이 주변 국가에도 영향을 주었고 스며들었던 거지.

퀴즈

1. 중국 최초의 문명은 무엇이었으며, 이 기간에 무엇이 발명되었을까?

2. 중국 최초의 문명이 강을 따라 형성된 이유가 무엇일까? 이 점을 이제까지 배운 메소포타미아와 이집트, 인도 등의 고대 문명들과 어떻게 연결 지을 수 있을까?

3. 한 시대에 비단길을 통한 _____의 수출이 발달했다.

4. 유교와 도교를 종교보다는 철학으로 여기는 이유는 무엇일까?

5. 고대 중국의 왕들이 믿었던 천명은 어떤 뜻일까?

6. 고대 중국에서 왕의 의무는 무엇이었을까?

7. 중국과 인도 일부 지역에서는 계절풍이 분다. 계절풍이란 무엇이며 어떤 영향을 끼쳤을까?

정답

1. 중국 최초의 문명은 상이었는데, 이 기간에 중국 최초의 문자인 갑골 문자가 발명되었다.

2. 다른 초기 문명들과 마찬가지로 고대 중국인들도 농사를 지었고 토양이 비옥한 주요 강 주변에 정착했다. 식량 공급이 원활해지면서 사람들은 도시에 정착할 수 있게 되었다.

3. 비단길

4. 도교와 유교는 삶에 대한 영적인 의미를 찾기보다는 인간의 행동을 탐구하기 때문에 철학으로 여긴다.

5. 고대 중국의 왕들은 하늘의 명령으로 국가를 통치할 운명을 타고났다고 믿었다. 따라서 왕들은 처음부터 권력을 지닌 채 태어났고, 하늘과 땅 사이의 연결 고리로 여겼다.

6. 왕은 덕이 있어야 했고, 백성을 돌보라는 하늘의 명령을 이행해야 했다.

7. 계절풍은 여름과 겨울에 대륙과 해양의 온도차 때문에 1년 주기로 풍향이 바뀌는 바람이다. 계절풍은 폭우와 홍수의 원인이 되기도 하고, 강 주변의 땅을 파괴하기도 한다.

비법노트 **9**장

고대 그리스

기원전 3000년~서기 1년

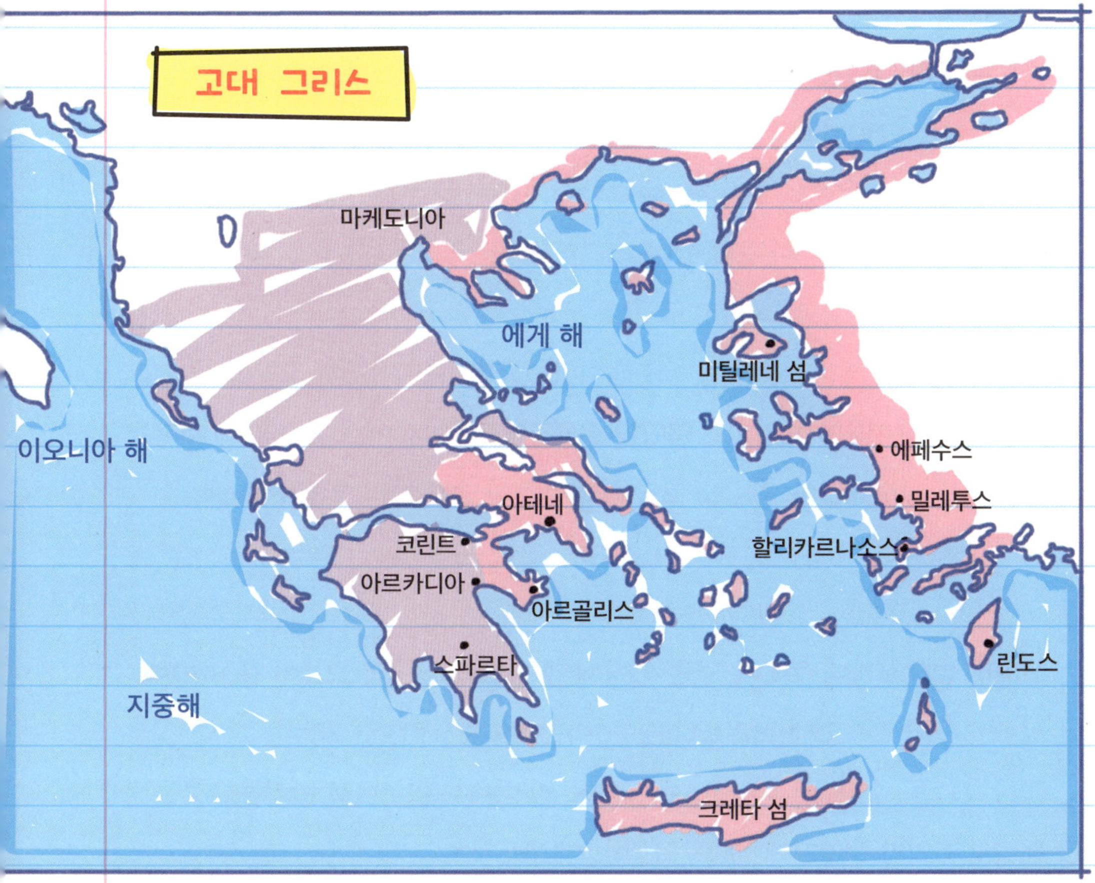

고대 그리스

- 마케도니아
- 에게 해
- 미틸레네 섬
- 이오니아 해
- 에페수스
- 밀레투스
- 아테네
- 코린트
- 할리카르나소스
- 아르카디아
- 아르골리스
- 스파르타
- 린도스
- 지중해
- 크레타 섬

그리스는 커다랗게 한데 모여 있는 여러 작은 섬들과 날씬한 **반도**로 구성되어 있어. 지중해를 끼고 있는 지리적 환경 덕분에 해상 활동을 할 수 있었어. 따라서 다른 나라와의 무역과 교류가 활발했지.

> 우리나라도 반도야. 한반도라는 말 들어 봤지?

> **반도**
> 삼면이 물로 둘러싸인 채 뻗어 있는 땅 덩어리

초기 그리스 역사

미노아인은 성공한 상인들로 기원전 3000년~1100년에 크레타 섬에 살았어. 고대 도시에 크노소스라는 우아한 궁전이 있었지.

크레타 문명은 그리스 본토에서 온 미케네인이 이곳을 점령하면서 기원전 1400년경에 쇠퇴했어. 미케네인은 주로 본토의 도시 미케네에 살았어. 미노아인과 마찬가지로 문자를 사용했지. 미케네인의 문자인 선형 문자 B는 그리스 문자 언어의 초기 형태야. 반면 미노아인 문자의 수백 가지 기호는 아직 아무도 해석한 사람이 없어.

미케네 문명은 크레타 문명을 계승했지만 기원전 12세기경에 도리스인의 이주와 다른 민족의 침입으로 멸망해. 이후 암흑시대(기원전 1100년~기원전 800년)가 시작되었어. 대규모 교역이 없었고 가난이 널리 퍼졌다고 해. 이 시기에 관한 기록은 존재하지 않아.

기원전 1250년경에 트로이 전쟁이 발발했어. 그리스 군과 트로이 군 사이에 일어난 전쟁으로 고대 그리스의 영웅 서사시에 등장하지. 그러나 역사학자들 사이에는 이 전쟁이 실제로 있었는지 혹은 여러 사건들이 뒤섞인 기억일 뿐인지에 대해 의견이 엇갈려.

트로이 목마

그리스 전설에 따르면, 그리스군이 거대한 목마를 이용해 트로이에 숨어 들어가 그곳을 정복해! 더 자세한 내용은 트로이 전쟁을 서술한 두 서사시, 『아이네이스』와 『오디세이』를 읽어 보도록 해.

기원전 800년경 새로운 도시 국가들이 형성되기 시작했어. 주로 귀족과 군인이 이끄는 도시 국가 폴리스는 그리스인 삶의 중심이 되었어. 나중에는 시민들이 스스로 통치하는 민주주의라는 통치 형태가 생겨나게 되었지. 여러 폴리스 중에 눈여겨봐야 할 폴리스는 아테네와 스파르타였어.

자세한 내용은 뒤에서 이야기할게.

기원전 750년경, 그리스의 시인 **호메로스**는 자신의 서사시 『일리아드』에서 트로이 전쟁 이야기를 해. 트로이가 고대 그리스에 맞서 10년 동안 전쟁을 벌이는 모습을 묘사하지. 이 싸움은 트로이 왕자 파리스가 스파르타 왕 메넬라오스의 아내인 헬렌을 납치하면서 시작되었어. 기원전 1세기에 로마의 위대한 시인 **베르길리우스**도 트로이 전쟁에 관한 서사시 『아이네이스』를 썼어. 베르길리우스의 시에서는 그리스 신들이 편을 나눠. 신화에 등장하는 아이네이아스라는 왕자가 트로이를 불태우며 끝나. 시에서는 아이네이아스가 로마를 건국하게 돼.

호메로스

그리스의 정치 체제

기원전 700년경 아테네에서는 온갖 일이 벌어지고 있었어. 왕과 귀족이 통치하던 아테네의 중간 계급인 상인과 평민이 참정권을 달라며 목소리를 높였지. 그리고 마침내 기원전 594년, 귀족 출신인 솔론이 개혁을 이루어 냈어. 아테네의 시민이 민회를 통해 정치에 참여할 수 있게 되었어. 하지만 여전히 아테네에서는 5명 중 1명만이 시민으로 여겨졌지. 노예나 여성, 가난한 사람은 정치에 참여할 수 없었어. 반면 스파르타는 아테네와 전혀 다른 정치 제도가 발전했지. 시민들을 통제하는 방식으로 국가를 통치한 거야.

> **참정권**
> 국민이 국정에 직접 또는 간접으로 참여하는 권리

그리스의 황금기

활발한 무역과 철기 기술의 발달로 삶이 여유로워지자 그리스는 문화적으로 중요한 업적을 이루는 그리스의 황금기를 맞이해. 기원전 479년부터 431년까지 그리스인은 철학과 종교, 예술, 건축을 발전시키느라 바빴어.

그리스의 종교

그리스인은 신들의 왕과 여왕인 제우스와 헤라가 이끄는 신들의 가족을 숭배했어. 신들은 전쟁(아레스)과 사랑(아프로디테), 바다(포세이돈) 등 삶의 각기 다른 영역을 다스렸지. 그리스인은 가장 강력한 신들이 올림포스의 신이라는 가족을 형성한다고 믿었어.

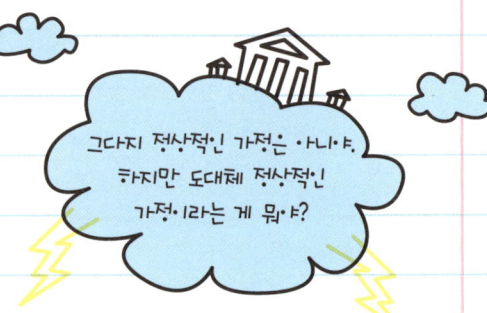

그다지 정상적인 가정은 아니야. 하지만 도대체 정상적인 가정이라는 게 뭐야?

제우스

헤라

포세이돈

아레스

아프로디테

그리스인들은 **오라클**이라 불리는 성스러운 장소에서 예배했어. 많은 도시에 신전을 짓고, 신들을 위한 다양한 축제를 열었지.

> **오라클**
> 여성이나 남성 사제를 통해 예언이 나타나는 성스러운 장소. '오라클'은 신과 말을 할 수 있는 여성이나 남성 사제를 뜻하기도 함

그리스 신들의 가계도

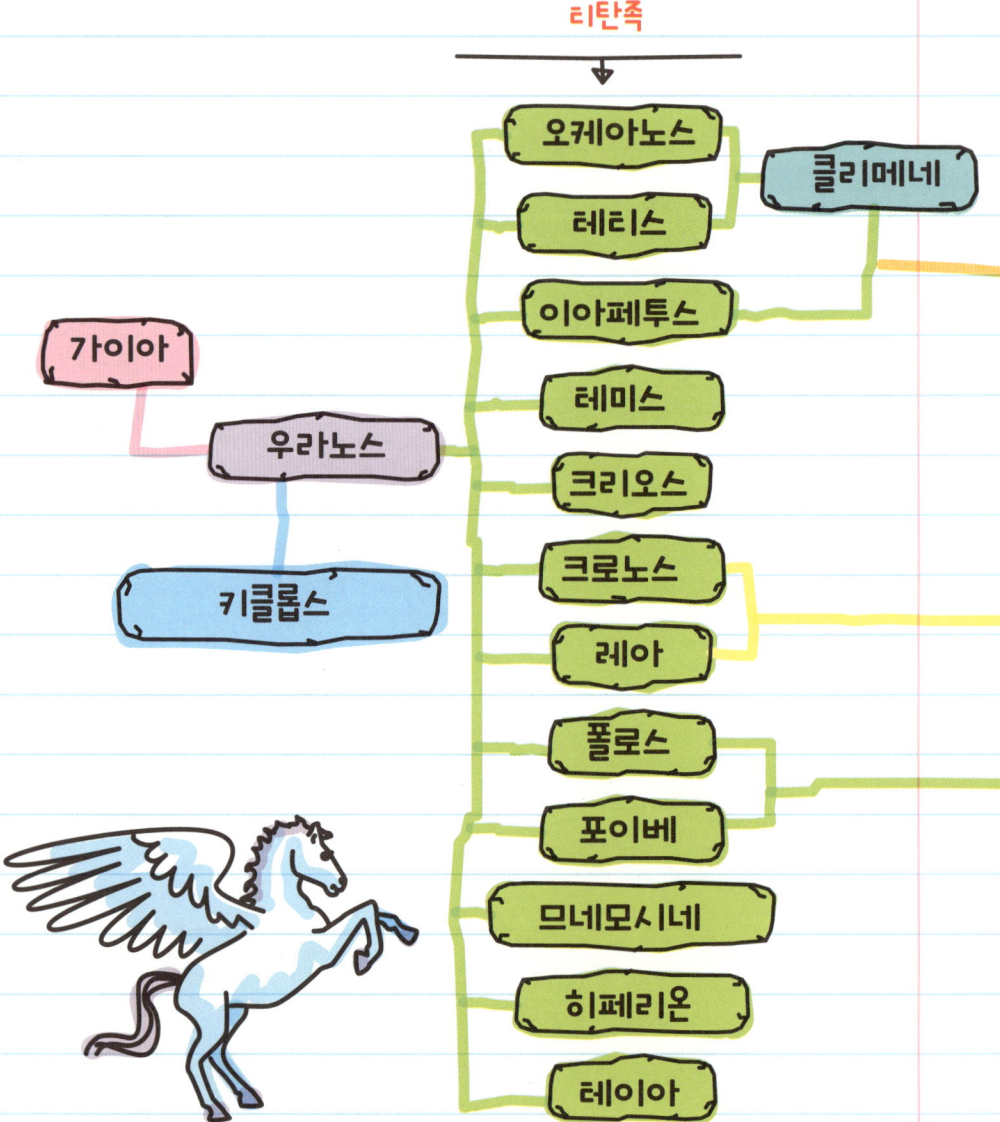

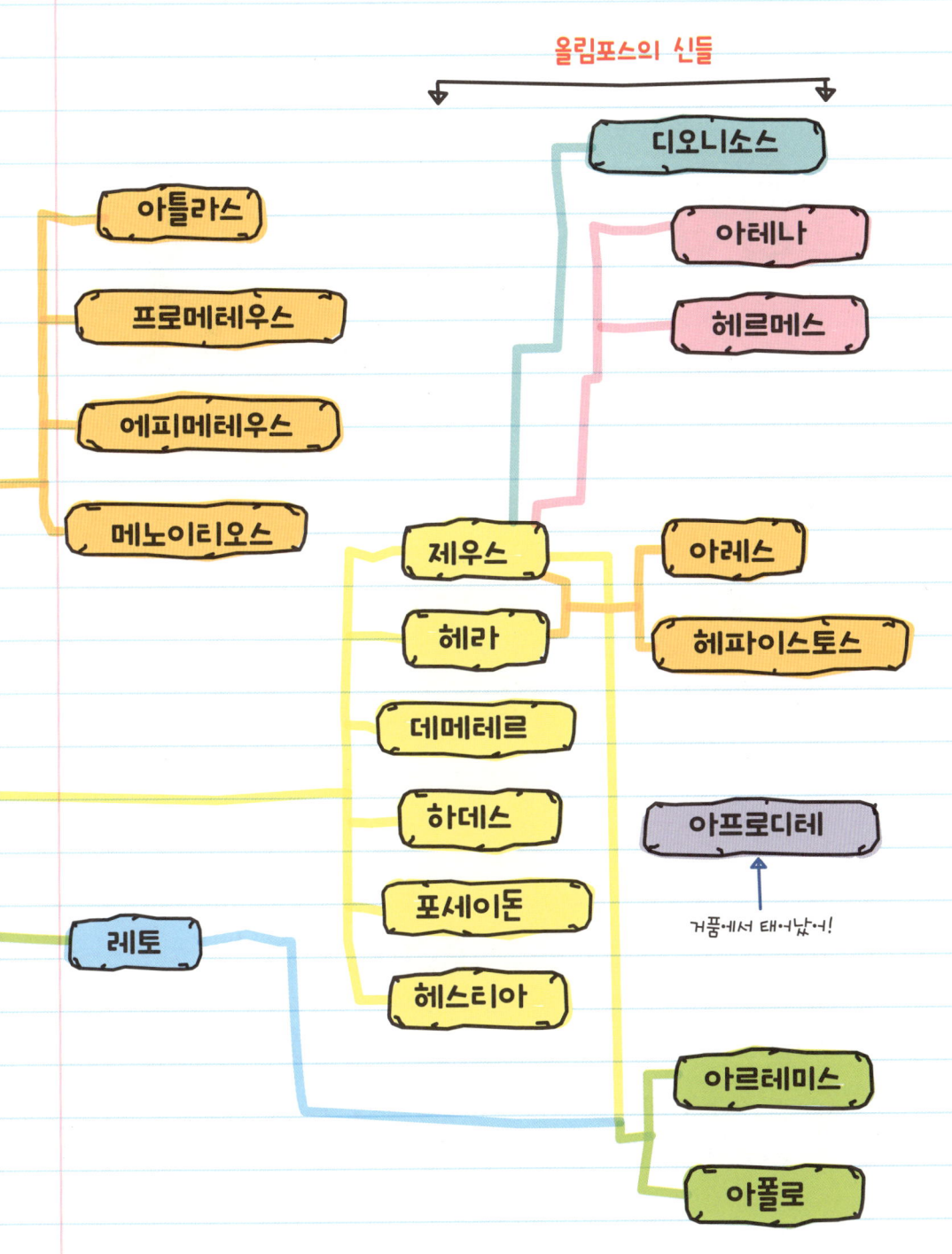

올림픽

올림픽은 올림포스 신들을 기리기 위한 축제로, 4년마다 열렸어. 운동 경기가 신을 찬미하는 하나의 방법이었지. 신화에 따르면, 제우스가 신들의 왕좌를 놓고 벌인 싸움에서 크로노스를 이겼다고 해. 훗날 반신반인인 헤라클레스가 제우스에 대한 경의의 표시로 경기를 개최했어.

최초의 올림픽은 기원전 776년 고대의 올림피아 평원에서 열렸어. 서기 393년 기독교를 국교로 채택한 테오도시우스 황제가 올림픽을 이교도의 의식이라 여기고 금지하기 전까지 약 12세기 동안 지속되었어.

고대 올림픽 경기의 종목들을 소개할게.

달리기 : 200미터 달리기와 400미터 달리기

멀리뛰기 : 선수들의 뛰는 거리를 늘이기 위해 할테레스(돌이나 납으로 만든 중량물, 즉 무거운 물건)를 사용했어. 뛰기를 마칠 때까지 할테레스를 들고 있다가 뒤쪽으로 던졌지.

원반던지기 : 고대에 이 경기에서 사용된 기술은 오늘날 기술과 매우 비슷해.

레슬링 : 한 참가자가 패배를 인정해야 경기가 끝났어.

권투 : 때로 선수들은 단단한 가죽으로 손을 감쌌는데, 이 때문에 상대의 얼굴에 상처가 났어.

판크라티온 : 무술의 원시적인 형태로, 권투와 레슬링을 섞어 놓은 종목이었어. 고대 그리스인들은 테세우스가 미노타우로스를 이겼을 때 생긴 종목이라고 믿었지.

마차 경주 : 경기는 마차 경주를 위해 지은 경기장에서 열렸어.

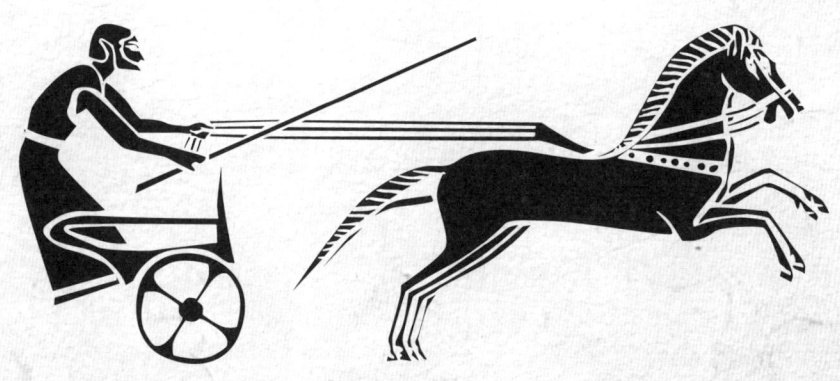

그리스의 철학

초기의 그리스 철학자들은 이성적인 사고의 발달에 초점을 맞췄어. 그들은 우주를 설명하기 위한 사고 체계를 바로 세우려고 애썼지.

중요한 철학자 몇 명을 소개할게.

소크라테스는 질문을 던져 대상에 대해 사고하고 이해하는 방법을 사람들에게 가르쳤어. 이를 소크라테스식 문답법이라고 해. 그는 통치자들과 의견을 달리하기도 하고 신들의 존재를 의심하기도 했는데, 결국 독약인 독미나리를 마시는 방식으로 처형당했지.

소크라테스

플라톤은 소크라테스의 제자였어. 그는 제자들에게 도덕적이고 행복한 삶으로 이끄는 윤리 규범을 따라 사는 방법을 가르쳤어. 기록을 전혀 남기지 않은 소크라테스와 달리 플라톤은 현실과 사물, 전쟁과 통치, 정의와 사회에 대한 모든 것을 기록했어. 플라톤은 아테네에 정치 지도자를 기르기 위한 아카데미라는 학교를 설립하고 그곳에서 제자들을 가르쳤어.

플라톤

아리스토텔레스는 플라톤의 제자였어. 플라톤과 마찬가지로 인간의 행복이 그들의 행동과 연결되어 있다고 믿었지. 또한 논리학과 생물학, 물리학의 범주를 정의하는 작업을 했어. 그는 자연에 매료되어 있었는데, 생물을 동물과 식물로 나누어 체계적으로 분류했어. 그래서 생물학의 아버지라고 불리기도 해.

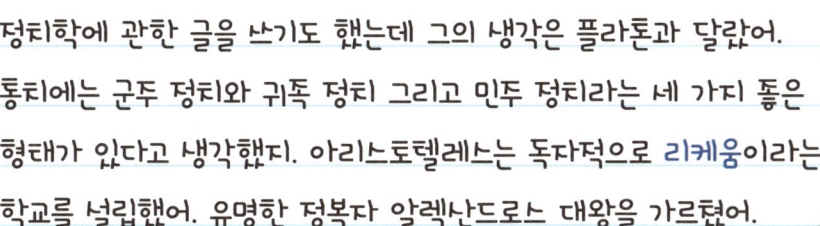

아리스토텔레스

정치학에 관한 글을 쓰기도 했는데 그의 생각은 플라톤과 달랐어. 통치에는 군주 정치와 귀족 정치 그리고 민주 정치라는 세 가지 좋은 형태가 있다고 생각했지. 아리스토텔레스는 독자적으로 **리케움**이라는 학교를 설립했어. 유명한 정복자 알렉산드로스 대왕을 가르쳤어.

그리스의 예술

문학

그리스 극작가들은 비극과 희극을 썼어. 보통 그들의 연극은 대화에 합창 형식의 노래나 댄스를 섞어 구성했지. 합창은 작가가 배경 정보를 추가하고 구성에 대한 의견을 표현하는 하나의 방법이었어.

고대 그리스의 3대 극작가를 소개할게.

아이스킬로스는 트로이 전쟁 당시, 도시 국가 아르고스 왕이었던 아가멤논의 가족을 그린 연극 『오레스테이아』 3부작을 썼어.

소포클레스는 연극 『오이디푸스 왕』으로 잘 알려져 있어. 이 작품은 한 가족의 비극을 다룬 이야기로 오라클이 오이디푸스가 아버지를 죽이고 어머니와 결혼한다고 예언하는 내용이야.

에우리피데스의 작품은 인물이 더 현실적이고, 전쟁과 인간의 괴로움처럼 사람들이 많은 관심을 보이는 주제들을 다뤘어. 『메데이아』 등의 작품이 있지.

세 사람 모두 그 당시 대단한 인물이었어. 그들의 희곡은 지금도 사람들에게 읽히고 공연되고 있어.

이 시기에 몇몇 유명한 서사시들이 탄생하기도 했어. 암흑 시대가 끝날 무렵 『오디세이』와 『일리아드』 등 호메로스의 작품들이 알려졌지. 둘 다 길이가 수백 쪽에 이르는데, 용기와 명예, 신들에 대해 가르치는 내용이야. 올림픽의 일부로 연설가들이 서사시를 외워 공연을 하기도 했어. 그리스 영웅들에 대해 우리가 지닌 이미지는 호메로스가 쓴 작품의 영향을 많이 받았어.

파르테논 신전

지금도 그리스에 유적이 남아 있어!

건축

아테나 여신을 위한 위대한 신전 파르테논이 기원전 447년~438년에 아테네에 건축되었어. 아테나와 아테네인 모두를 위한 신전으로 아테네가 지닌 자부심의 상징이었지. 페리클레스 시대에 건축된 파르테논 신전은 서기 1687년, 오스만 튀르크 군과 베네티아 군의 전투 당시 심각한 손상을 입었어. 하지만 유적은 오늘날까지도 아테네 언덕 꼭대기에 남아 있어.

히포크라테스는 질병이 자연적으로 생기는 것이지 신이나 미신 때문에 생기는 것이 아니라고 생각한 고대 그리스 의사였어. 오늘날도 의사들은 환자를 돕고 해를 끼치지 않겠다는 **히포크라테스 선서**를 해.

페리클레스의 시대

페리클레스는 고대 그리스의 가장 영향력 있는 지도자 중 한 명이었어. 기원전 460년경 도시에서 관료에게 급여를 주게 하는 등 개혁을 실천했지. 일을 하면 보수를 받는 건이 당연한 일로 보일지 모르지만, 이 시대에는 하층 계급이 일반 행정관리로 1년간 무급 봉사를 해야 했어. 생업을 포기하고 무료로 일한다는 건 경제적으로 큰 피해였지.

페리클레스는 의회에 참여하고 중요한 쟁점에 대해 투표하도록 시민들을 독려하기도 했어. 시민들이 법률과 전쟁에 대해 결정을 내리고, 외교 정책에 관해 의견을 제시하고, 공공 기관 관료를 뽑았기 때문에 이를 직접 민주주의의 형태로 봐. 하지만 양쪽 부모 모두가 아테네인인 남성만 자유를 지닌 자치 시민이었어.

아테네와 스파르타

아테네와 스파르타는 초기 그리스의 주요 도시 국가였지만 둘은 매우 달랐어. 아테네인은 극본을 쓰고, 도자기를 굽고, 물건을 팔고, 시장에서 철학에 관한 수다를 떨었어. 아테네에는 10만 명가량의 노예가 있었던 것으로 추정돼. 아테네는 이들의 희생으로 번영을 누렸다고 할 수 있어.

132

아테네와 스파르타

그리스 남부의 도시 국가 스파르타는 다른 방식, 즉 전투로 번영을 누렸어. 스파르타인은 어떤 희생을 치르더라도 개인보다 국가가 우선이라고 믿었고, 강력한 전쟁 기계로 살았지. 스파르타에는 전쟁이 벌어지는 동안 농사를 짓는 헤일로타이라 불리는 노예들이 있었어.

이 도시 국가는 군부대나 다름없었는데, 일곱 살 난 어린 소년들이 집을 떠나 막사에서 생활해야 했어.

소년들은 스무 살에 군인이 되었고, 60세가 될 때까지 군인으로 지냈어. 소녀들은 전쟁에 직접 나서지는 않았지만 강하고 민첩해지기 위해 그리고 튼튼한 아기를 낳기 위해 운동을 했어. 스파르타인은 무역을 하지 않았어. 기원전 431년 스파르타는 아테네와 펠로폰네소스 전쟁을 시작했어. 아테네가 번영하자 점점 불안해졌기 때문이야. 이 전쟁은 27년이나 지속되었어. 결국 기원전 404년에 아테네가 스파르타에 무릎을 꿇었지.

알렉산드로스 대왕의 등장

마케도니아 왕국은 그리스 북쪽에 있어. 필리포스 왕은 그리스 철학자 아리스토텔레스를 데려와 자신의 아들 알렉산드로스에게 그리스 문학과 철학을 가르치게 했어. 필리포스 왕은 스스로를 그리스인이라고 생각했어. 그는 기원전 359년에 마케도니아를 통일하고 매수와 협박을 통해 그리스의 도시 국가들을 정복했어. 하지만 자신의 제국을 통치해 보기도 전에 암살당했지.

알렉산드로스는 스무 살이던 기원전 336년에 왕위를 물려받아 페르시아 왕국을 침략하고 인도에 다다를 때까지 전투를 계속해. 11년 뒤엔 페르시아와 이집트는 물론 인더스 강 너머의 영토까지 정복한 상태였지.

하지만 기원전 323년 알렉산드로스는 열병으로 죽었어. 아마도 자신이 그렇게 죽게 될 줄은 몰랐을 거야.

빠른 속도로 전파된 그리스 문화

알렉산드로스의 영토 확장으로 그리스 문화가 넓은 지역으로 퍼졌어. 그는 알렉산드로스 대왕으로 불리게 돼. 하지만 그가 죽은 후 알렉산드로스의 제국은 세 개의 작은 왕국으로 나뉘었어. 그리스와 마케도니아의 안티고노스

왕국, 이집트의 프톨레마이오스 왕국, 시리아의 셀레우코스 왕국이었지. 이들을 ==헬레니즘== 왕국이라고 불러.

헬레니즘
알렉산드로스 대왕의 제국 건설 이후 고대 그리스의 뒤를 이어 나타난 문명

1. 그리스의 지리적 특성이 그리스인의 삶에 미친 영향은 무엇일까?

2. 고대 그리스에서 시행된 민주적 개혁의 예는 무엇일까?

3. 그리스의 암흑 시대는 언제였으며, 이 기간 동안 어떤 일이 일어났을까?

4. 아테네와 스파르타는 물과 기름으로 묘사할 수 있다. 이 비유에 대해 설명해 보자. 두 도시 국가는 어떤 면에서 매우 달랐을까?

5. 그리스 종교에서 그리스 신들의 '왕'과 '여왕'은 누구였을까? 그리스인들은 신들의 가족을 무엇이라고 불렀을까?

6. 철학은 믿음과 가치의 주요한 체계라고 정의할 수 있다. 그리스의 유명한 세 철학자는 누구였으며, 그들은 무엇으로 유명할까?

7. '그리스의 황금기'는 언제였고, 이 기간 동안 어떤 발전이 있었을까?

8. 알렉산드로스의 정복 활동에 대해 말해 보자.

9. 폴리스란 무엇일까?

10. 소포클레스와 에우리피데스, 아이스킬로스는 고대 그리스의 3대
   _____였다.

정답

1. 그리스는 반도로, 지중해를 끼고 있어 해상 활동을 할 수 있었다. 덕분에 다른 나라와의 무역과 교류가 활발했다.

2. 그리스의 귀족 출신인 솔론의 개혁을 예로 들 수 있다. 아테네의 중간 계급인 상인과 평민이 참정권을 요구하자 아테네 시민들이 민회를 통해 정치에 참여할 수 있게 되었다. 단, 노예와 여성, 가난한 사람은 참여할 수 없었다.

3. 암흑 시대는 기원전 1100년대부터 750년까지 이어졌다. 이 기간에는 교역이 이루어지지 않았고, 가난이 널리 퍼졌으며, 사람들이 글 쓰는 방법을 잊어버렸다고 한다. 하지만 호메로스의 시처럼 서사시들이 창작되기도 했다.

4. 아테네는 시민들이 민회를 통해 정치에 참여할 수 있었다. 반면 스파르타는 국가가 시민들을 통제하는 방식으로 다스렸다.

5. 제우스는 그리스 신들의 왕이었고 헤라는 여왕이었다. 신들의 가족을 올림포스의 신이라고 불렀다.

6. 소크라테스는 질문을 던져(소크라테스식 문답법) 사물에 대해 생각하고 이해하는 방법을 사람들에게 가르쳤다.
플라톤은 제자들에게 도덕적이고 행복한 삶으로 이끌어 줄 윤리적인 생활에 대해 가르쳤다. 아테네에 아카데미라고 부르는 학교를 세웠다. 아리스토텔레스는 인간의 행복이 행동과 연관되어 있다고 믿었다. 논리학과 생물학, 물리학의 범주를 정의하는 작업을 하고, 정치학에 관한 글을 썼으며, 학교인 리케움을 설립했다.

7. 그리스의 황금기는 기원전 479년부터 기원전 431년까지였다. 활발한 무역과 철기 기술의 발달로 삶이 여유로워지자 종교와 철학, 예술, 건축 분야에서 큰 업적을 이루었다.

8. 알렉산드로스의 영토 확장으로 그리스 문화가 페르시아와 이집트는 물론 인더스 강 너머까지 전파되어 '알렉산드로스 대왕'이라는 칭호를 얻었다.

9. 폴리스는 그리스의 도시 국가로 보통 귀족이나 군인이 이끌었으며, 그리스인 삶의 중심이 되었다. 또 나중에는 시민들이 스스로 통치하는 형태인 민주주의가 생겨났다.

10. 극작가

비법노트 10장

고대 로마

'로마는 하루아침에 이루어지지 않는다'. 이 오래된 격언은 중요한 일엔 시간이 걸리고 노력해야 큰일을 이룰 수 있다는 의미야. '모든 길은 로마로 통한다.', '로마에 가면 로마법에 따라야 한다.'와 같은 속담도 로마와 관련이 있어. 로마는 세계에서 가장 유명한 도시 중 하나야. 건설에 수 세기가 걸렸고, 제국의 이름이기도 했어.

고대 로마

고대 로마는 기원전 8세기에 시작되었는데, 에트루리아인들이 권력을 잡고 왕으로서 통치했지. 그러나 로마인들은 독재자인 왕에 대항하여 반란을 일으켰어. 결국 로마는 에트루리아인을 물리치고 로마 공화정을 형성했어. 공화정에서는 투표할 권리를 지닌 시민들이 지도자를 뽑으면 그 지도자가 사람들을 대표해서 통치해. 로마 공화정에도 새로운 법률을 제안하고 국가의 중요한 일을 자문하는 원로원이 있었어.

> **독재자**
> 절대 권력을 가지고 독재 정치를 하는 사람

141

공화정 초기에는 귀족이나 부유한 상류층 남성들만 원로원의 일원이 될 수 있었어. 평민이나 일반 시민은 불가능했지. 법률은 시민들이 뽑은 두 명의 집정관이 집행했어. 재판을 관장한 법무관들은 돈과 계약에 관한 분쟁과 논쟁을 해결했어.

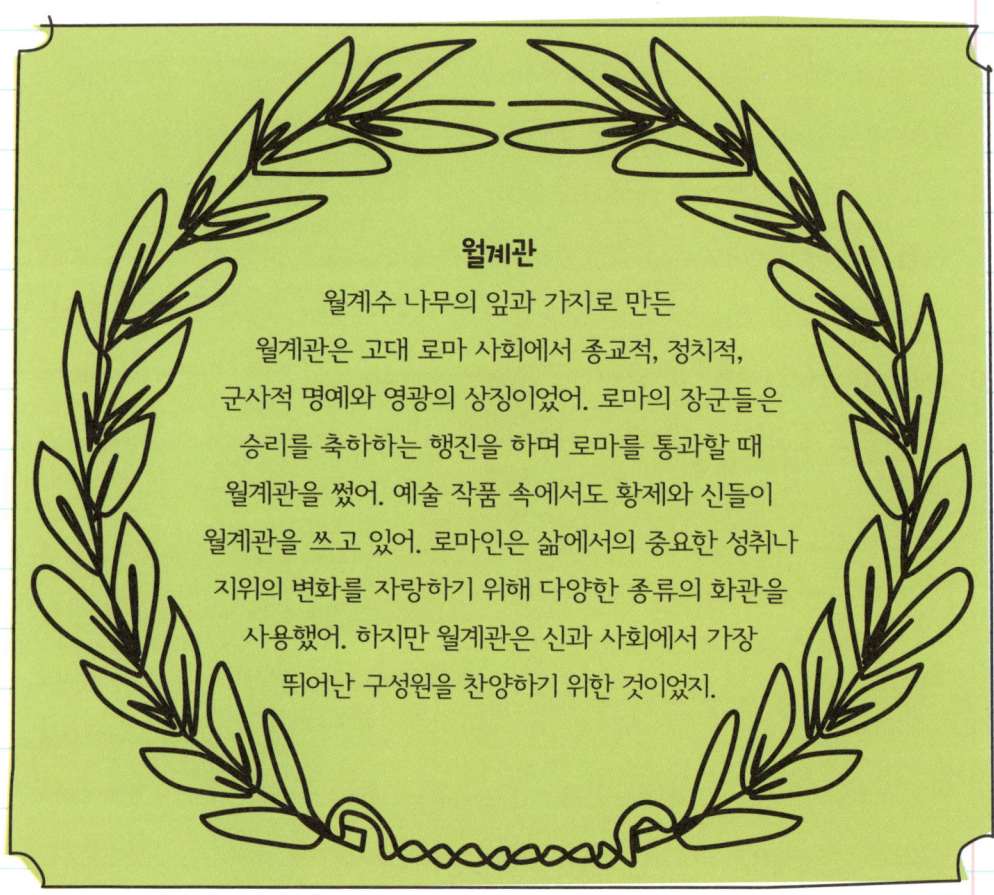

월계관

월계수 나무의 잎과 가지로 만든 월계관은 고대 로마 사회에서 종교적, 정치적, 군사적 명예와 영광의 상징이었어. 로마의 장군들은 승리를 축하하는 행진을 하며 로마를 통과할 때 월계관을 썼어. 예술 작품 속에서도 황제와 신들이 월계관을 쓰고 있어. 로마인은 삶에서의 중요한 성취나 지위의 변화를 자랑하기 위해 다양한 종류의 화관을 사용했어. 하지만 월계관은 신과 사회에서 가장 뛰어난 구성원을 찬양하기 위한 것이었지.

로마인은 그리스와 에스파냐, 오늘날 프랑스인 갈리아는 물론 북아프리카 카르타고 등의 영토를 정복했어. 하지만 내전 때문에 계속해서 분열의 조짐을 보일 때 율리우스 카이사르 장군이 등장하게 돼.

율리우스 카이사르

갈리아에서 군사를 지휘하던 카이사르는 크라수스, 폼페이우스와 함께 최초의 **삼두 정치**로 알려진 방식으로 통치했어. 하지만 다수의 로마 원로원은 새로운 통치자들이 마음에 들지 않았어. 원로원은 폼페이우스 혼자 로마를 이끌어야 한다고 했지만 카이사르는 거부했어. 그리고 삼두 정치의 일원인 크라수스는 전쟁에서 죽고 말았지. 기원전 45년, 카이사르는 폼페이우스를 굴복시키고 혼자 로마 전체를 통치하게 되었어. 하지만 원로원들은 이를 마음에 들어 하지 않았어. 그래서 카이사르를 암살할 계획을 세웠지. 배반의 3월 15일로 불리는 기원전 44년 3월 15일, 카이사르는 원로원 회의에 참석했어. 원로원 의원들은 토가에서 칼을 꺼내 그를 죽였지. 이후 로마는 13년 동안 분열되어 내전이 끊이지 않았어.

> **삼두 정치(TRIUMVIRATE)**
> 동등한 권력을 지닌 세 사람이 펼치는 통치로, 셋을 뜻하는 TRI와 사람을 뜻하는 VIRATE에서 나온 말

카이사르 / 크라수스 / 폼페이우스

> 고대 로마인들이 몸에 둘러 입었던 매우 긴 옷이야.

질서 회복을 위해 두 번째 삼두 정치가 시작되었어. 카이사르의 오른팔이었던 마르쿠스 안토니우스와 카이사르의 조카이자 양자인 옥타비아누스, 레피두스가 로마를 이끌었어.

마르쿠스 안토니우스 / 레피두스 / 옥타비아누스

아우구스투스 황제

수많은 전쟁과 죽음 끝에 결국 옥타비아누스가 권력을 차지했어. 그리고 기원전 27년 원로원으로부터 '존엄한 사람'이라는 뜻의 아우구스투스라는 칭호를 받았어. 500년 동안 지속된 공화정은 끝이 났어. 로마는 제국이 되었고, 아우구스투스가 첫 번째 황제가 되었지.

영토 확장에 힘을 쏟은 로마 제국은 유럽 일부 지역에서부터 이집트까지 뻗어 나갔어. 정복당한 지역의 사람들은 대부분 자유인으로 남았지. 제국에 속하게 된 지역들은 주가 되었고, 각각 총독과 군대가 있었어. 정복당한 지역의 사람들도 시민이 될 수 있었어. 하지만 세금도 내야 했지. 아우구스투스는 카이사르와 같은 운명을 피하기 위해 원로원을 존중했고, 원로원은 그에게 더 큰 권력을 주었지. 아우구스투스는 14년에 죽음을 맞을 때까지 제국을 통치했어.

로마의 건축

로마인은 놀라운 건축 기술을 가지고 있었어. 가장 유명한 로마 건축물 중 하나는 검투사들의 경기 또는 사람과 동물의 싸움이 열리던 원형 경기장 콜로세움이야.

몇백 년 이상 걸렸어!

콜로세움은 축구 경기장만큼 컸어.
검투사 간의 시합 또는 범죄자의 처벌에 사용되었고,
해상 전투를 재현할 때도 이용되었어.

로마의 FORUM

로마 제국 곳곳의 도시들에는 포럼이라고 불리는 공공의 도시 중심부가 있었어. 시민들이 만나 물건을 거래하고, 신전을 방문하고, 정치 지도자에게 투표하고, 군사적인 업적을 기념하고, 친구를 만나는 장소였지.
로마 최초의 포럼은 포럼 로마눔이야.

포럼
ROMANUM

로마 황제 아우구스투스는 로마를 세계에서 가장 아름다운 도시로 만들고 싶었어. 그래서 기원전 26년부터 포룸 로마눔에 신전과 재판소나 상업 회의소 등으로 사용되던 바실리카, 아치형 구조물들을 짓기 시작했어. 하지만 서기 476년 즈음 로마 제국이 공식적으로 쇠퇴하던 시기에 로마인과 침략자들은 새로운 건축물을 짓기 위해 기존 건축물에 박혀 있던 보석과 금속을 빼 갔지.

중세의 로마인은 포룸 로마눔이 무엇에 사용되었는지 잊어버렸고, 광장은 암소를 기르는 들판이 되어 버렸어. 이 들판을 캄포 바치노라 불렀지. 19세기에 고고학자들이 포룸 로마눔을 발굴, 복원했어.

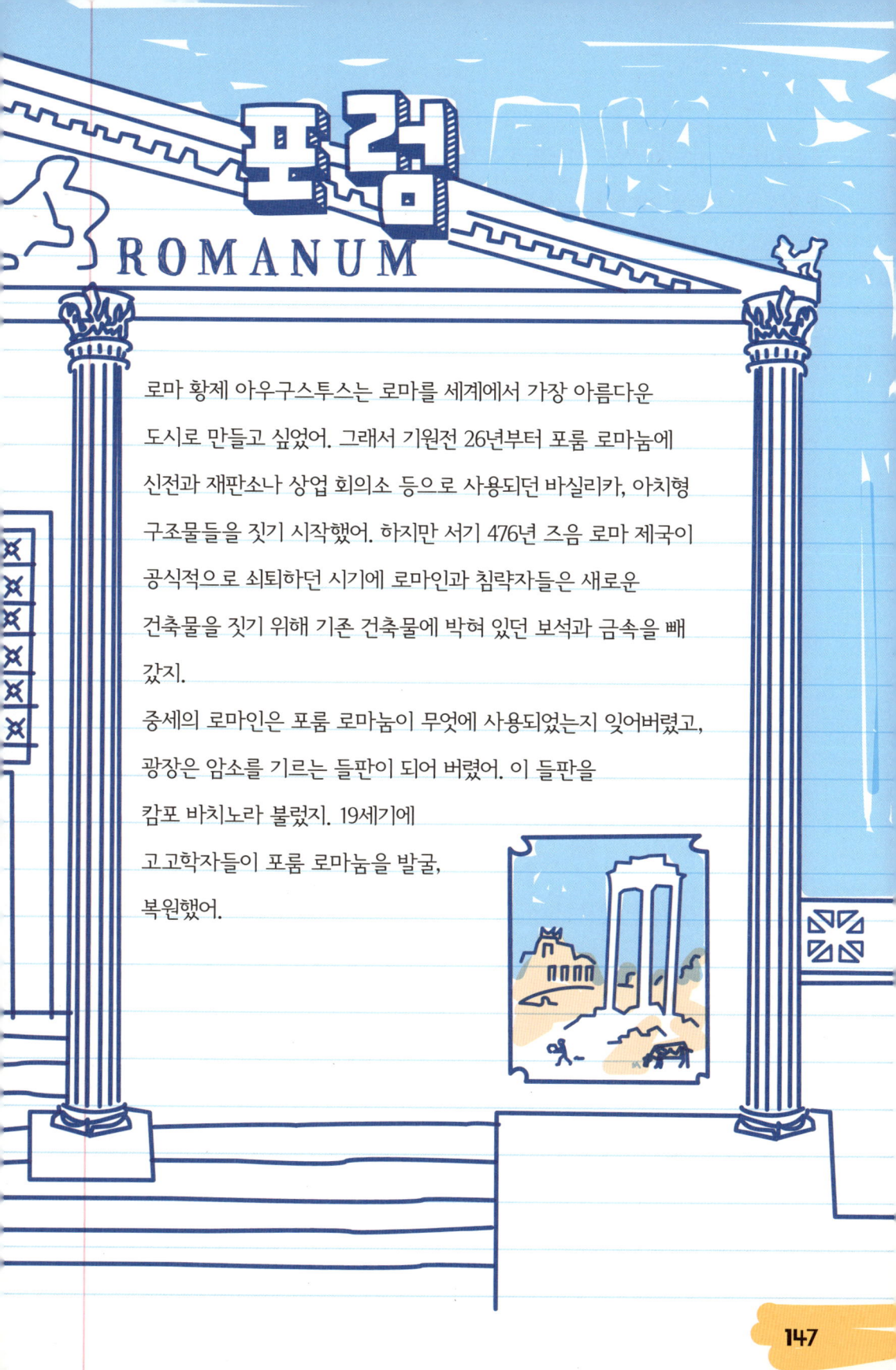

또 로마인은 아치가 있는 건축물과 조각상을 만들었는데, 아치 덕분에 새 건축물 내부에 커다란 공간을 만들 수 있었어.
또한 교역을 넓히고 군대를 이동시키기 위해 도로를 만들면서 콘크리트를 처음으로 사용했어. 시골에서 도시로 물을 나르는 물길인 수로교도 유명해. 로마에는 공동 화장실이 있었고, 대중 목욕탕도 많았어.

·이 물길로 물이 흘렀어.

로마법

지금 우리가 사용하는 법 체계는 로마법에 뿌리를 두고 있어. 예를 들어 죄가 입증될 때까지는 무죄라는 '무죄 추정의 원칙' 등의 내용처럼 말이야.
로마법은 시민법, 만민법, 자연법 세 가지로 나뉘어. 시민법은 시민의 권리와 의무를 정해 놓은 법이야. 만민법은 로마 제국 내의 이민족에게 적용하기 위해 만들어진 법이지.

로마법에서 가장 위대한 법은 자연법이야. 사람은 모두가 평등하며, 누구도 침범할 수 없는 기본 권리를 가진다는 내용을 담고 있지.

안토니우스와 클레오파트라

클레오파트라 7세는 독립 이집트의 마지막 통치자였어. 율리우스 카이사르가 이 이집트 여왕과 친하게 지냈어. 카이사르가 살해되자 마르쿠스 안토니우스는 옥타비아누스의 여동생인 자신의 아내를 떠나 클레오파트라와 결혼했어. 이탈리아의 로마인들은 클레오파트라를 이질적이고 위험하며, 여성이라서 믿을 수 없다고 생각했어. 윌리엄 셰익스피어의 『안토니우스와 클레오파트라』를 비롯하여 둘 사이의 로맨스를 다룬 연극과 영화가 많아.

크리스트교의 등장

로마 제국에는 여러 종교가 있었어. 처음에는 대부분의 로마인이 여러 신을 숭배하는 다신교도였고 지역 신화와 그리스 신화를 넘어서 믿었어. 하지만 신들의 이름을 바꾸어 불렀지.

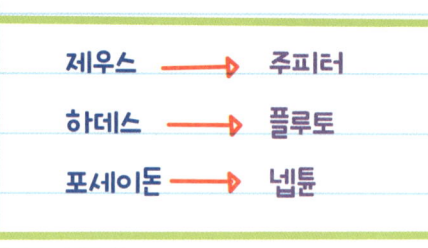

예를 들어 그리스의 '제우스'는 라틴어에서 '아버지'를 뜻하는 '주피터'가 되었어. 로마에서는 원하는 신을 숭배하도록 허락해 주었지만 얼마 지나지 않아 크리스트교가 문제가 되기 시작해. 로마 황제가 크리스트교를 유대교의 전통을 깬 위험한 종교 집단이라고 생각하기 시작했기 때문이야.

> 그리스도의 제자들을 크리스도인이라고 불러.

크리스트교도들은 그리스도라고도 불리는 예수의 가르침을 믿었어. 예수는 신이 하나, 즉 유일신이며 친절하고 관대하다고 가르쳤지. 사람들은 영원한 삶을 위해 신을 사랑하고, 서로를 사랑하고, 용서를 베풀고, 책임감 있게 살아야 했어. 예수가 정부에 대항하여 반란을 이끌지도 모른다고 걱정한 로마 황제가 그에게 사형을 선고했어.

복음서에 따르면, 예수는 부활하여 제자들에게 그의 가르침을 널리 전파하라고 이야기했다고 해.

크리스트교도들은 제국 곳곳에서 모임을 가졌어. 후동자 중 한 명이었던 바울은 멀리 떨어진 도시의 크리스트교 모임에 편지를 쓰고 예수의 가르침을 전파하기 위해 여행을 했어.

크리스트교도의 수는 로마 정부가 크리스트교를 믿는 행위를 범죄로 규정할 만큼 엄청나게 늘어났고 크리스트교도에 대한 **박해**가 뒤따랐어. 많은 사람들이 종교로 인해 죽어서 **순교자**가 되었지. 하지만 크리스트교는 계속해서 퍼져 나갔고, 서기 300년 즈음엔 로마인의 10분의 1 정도가 크리스트교도가 되었어. 크리스트교는 오늘날도 여전히 세계적으로 가장 인기가 높은 종교 중 하나야.

> **박해**
> 공격하거나 가두거나 괴롭히는 행위

> **순교자**
> 모든 박해를 물리치고 자신이 믿는 종교 또는 사상을 지키기 위해 목숨을 바친 사람

콘스탄티누스 황제

<u>콘스탄티누스</u> 황제도 크리스트교가 전파되는 과정을 도왔어. 그 당시 로마 제국의 세력은 약화되고 있었지만 크리스트교는 더 큰 권위를 얻고 있는 상황이었지. 서기 306년부터 337년까지 통치했던 콘스탄티누스는 개종하여 최초의 크리스트교도 황제가 되었어. 그는 <u>밀라노</u> **칙령**을 통해 제국 전체에 종교의 자유를 선언하며 박해를 끝냈지. 예배를 드릴 수 있는 교회를 세우기도 했어. 콘스탄티누스는 로마 제국의 수도를 지금의 터키에 있는 비잔티움으로 옮기고 제국을 신로마라고 불렀어. 비잔티움은 나중에 콘스탄티노폴리스로 이름이 바뀌었고, 훨씬 뒤에는 오늘날처럼 이스탄불로 불리게 돼. 이 도시는 제국의 동쪽 국경을 보호하는 전략적인 위치에 있었어.

> **칙령**
> 왕이 내린 명령

로마 제국의 쇠퇴

서기 180년에 코모두스 황제가 열여덟 살의 나이로 통치를 시작했어. 그의 잘못된 선택으로 로마 제국이 쇠퇴하기 시작해. 그는 원로원을 무시하고 군대가 그의 편에 서도록 뇌물로 매수했어. 이후의 황제들도 뇌물을 주고받고 형편없는 지도력을 가지는 상황을 반복했어.

또한 로마는 다른 문제들에도 부딪혔어. 제국에 충성하지도 않는 용병들에게 보수를 주고, 가치가 없는 동전을 너무 많이 찍어 내서 생긴 인플레이션에 대응했지. 게다가 전염병과 싸우고, 정복한 영토를 유지하기 위해 전쟁을 치러야 했어. 결국 게르만족 침략자들이 제국 서쪽을 점령했지. 콘스탄티노폴리스는 비잔티움 제국의 수도로 남았어.

용병
다른 나라의 군대에 고용된 직업 군인

인플레이션
물건의 가격이 올라가고 돈의 가치는 떨어지는 현상

전염병
다른 사람에게 옮는 질병

퀴즈

1. 고대 로마의 첫 번째 통치자는 누구였을까?

2. 로마인들은 최초의 공화정을 세운 것으로 유명하다. 공화정이란 무엇일까?

3. 배반의 3월 15일에 어떤 일이 일어났을까?

4. 카이사르가 죽은 뒤 세력을 차지한 사람은 누구이며, 이 사람의 운명은 카이사르의 운명과 어떻게 달랐을까?

5. 로마 제국 시대에는 건축과 기술이 번창했다. 이 시기에 로마인이 창조해 낸 중요한 건축물들을 설명해 보자.

6. 원래 로마인은 여러 신을 믿었을까, 유일신을 믿었을까?

7. 크리스트교는 어떻게 로마 제국 전체에 널리 퍼지게 되었을까?

8. 로마 제국이 쇠퇴한 이유는 무엇이었을까?

9. 로마법을 세 가지로 나누어 설명해 보자.

정답

1. 기원전 8세기에 권력을 잡고 로마를 통치한 에트루리아인

2. 공화정이란, 선거로 뽑은 지도자가 시민들을 대표하는 정부 형태이다. 로마 공화정에는 새로운 법률을 만드는 원로원과 법을 집행하는 집정관, 재판을 관장하는 법무관이 있었다.

3. 율리우스 카이사르는 배반의 3월 15일에 성난 원로원 의원들에게 죽임을 당했고 그 뒤 13년 동안 내전이 이어졌다.

4. 카이사르가 죽은 뒤 카이사르의 양자인 옥타비아누스가 권력을 장악했다. 그는 카이사르처럼 죽지 않기 위해 원로원을 존중했고, 죽을 때까지 로마를 통치했다.

5. 가장 유명한 로마 건축물 중 하나는 검투사들의 싸움을 볼 수 있는 원형 경기장인 콜로세움이다. 이 외에도 로마인들은 아치가 있는 건물과 조각상을 만들었다. 무역과 군대의 이동을 위해 콘크리트를 사용하여 도로를 만들었으며, 물을 대기 위해 수로교를 설치했다. 공중 화장실도 있었고 대중 목욕탕도 많았다.

6. 처음에는 로마인 대부분이 다신교도였는데, 이후 예수의 가르침을 따르는 크리스트교도들에 의해 유일신을 믿는 크리스트교가 널리 퍼졌다.

7. 크리스트교를 믿는 사람들이 곳곳에서 모임을 가졌다. 또한 추종자 중 한 명인 바울은 멀리 떨어져 있는 모임에 크리스트교에 관한 편지를 보내고 예수의 가르침을 전파하기 위해 여행을 했다.

8. 로마 제국은 코모두스 황제의 잘못된 선택으로 쇠퇴하기 시작했다. 그는 원로원을 무시하고 군대를 뇌물로 매수해 자기 편에 서도록 했다. 이후의 황제들도 비슷한 일을 반복했다. 또한 인플레이션, 전염병과 싸우고 영토를 유지하기 위한 전쟁을 치르면서 상황이 더욱 나빠졌다.

9. 로마법은 시민법, 만민법, 자연법 세 가지로 나뉜다. 시민법은 시민의 권리와 의무를 정해 놓은 법이고, 만민법은 로마 제국 내의 이민족에게 적용하기 위해 만들어진 법이다. 자연법은 사람은 모두 평등하며 누구도 침범할 수 없는 기본 권리를 가진다는 내용을 담고 있다.

고대 종교와 철학

명칭	창립자	지리적 발생지	성서
크리스트교	예수	이스라엘	성경
이슬람교	예언자 무함마드	메카	쿠란
유대교	선지자 아브라함	이스라엘	토라
*도교	노자	중국	없음
*유교	공자	중국	없음
힌두교	특정한 창립자 없음	인도	우파니샤드
불교	고타마 싯다르타	인도	없음

주요 개념 정리

예배 장소	핵심 개념
교회	• 은총을 통해 영원한 삶을 얻기 위해 하나님을 사랑하고 책임감 있는 삶을 산다. • 일신교
모스크	• 이슬람교의 다섯 가지 기둥 믿음의 선언, 하루 다섯 차례 기도, 자선 베풀기, 라마단 기간 동안 금식, 메카로의 순례 • 일신교
유대교 회당	• 선지자 • 일신교
없음	∗ 도교는 도가(노장사상) 철학에서 발전한 종교이다. • 자연과 조화를 이루는 이기적이지 않고 균형 잡힌 삶이 행복으로 이끈다.
없음	∗ 유교는 유가 철학에서 발전한 종교이다. • 개인의 평화와 질서에서 사회의 평화와 질서가 시작된다. • 그의 가르침은 훗날 중국 정부를 위한 교육 제도의 일부가 되었다.
사원	• 업보에 따른 환생 • 다신교
절	• 명상을 통해 삶의 의미에 대한 깨달음에 이른다.

세계의 종교

백분율(2007년 기준)

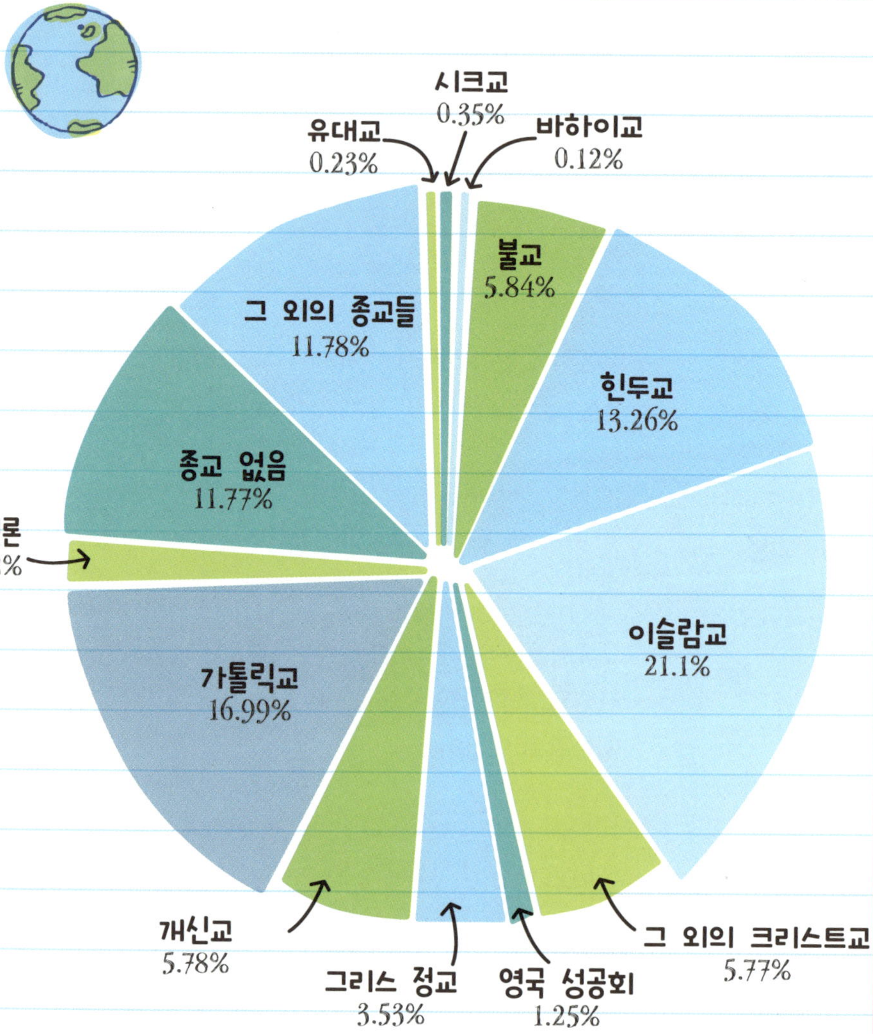

- 유대교 0.23%
- 시크교 0.35%
- 바하이교 0.12%
- 불교 5.84%
- 그 외의 종교들 11.78%
- 힌두교 13.26%
- 종교 없음 11.77%
- 무신론 2.32%
- 이슬람교 21.1%
- 가톨릭교 16.99%
- 개신교 5.78%
- 그리스 정교 3.53%
- 영국 성공회 1.25%
- 그 외의 크리스트교 5.77%

개념 연결

역사연표·교과연계

연표로 보는 세계사와 한국사

4만 년 전
현생 인류 출현

1만 년 전
농경과 목축 시작

기원전 3500년경
메소포타미아 문명과
이집트 문명 성립

기원전 2500년경
황허 문명과
인더스 문명 성립

기원전 1250년경
트로이 전쟁

기원전 1000년경
인도, 아리아인이
갠지스 강 유역으로
이주 시작

기원전 2000년 ─────── 기원전 1000년

약 70만 년 전
구석기 문화 시작

기원전 8000년경
신석기 문화 시작

기원전 2333년
단군왕검,
고조선 건국

기원전 1500년경
청동기 문화 시작

기원전 6세기경
인도, 불교 성립

기원전 479년~431년
그리스의 황금기, 민주주의의 발달

기원전 431년
펠로폰네소스 전쟁
(~404년)

기원전 221년
진의 중국 통일, 만리장성 건설

기원전 202년
중국, 한 건국

기원전 27년
로마의 첫 번째 황제 아우구스투스

기원전 500년

기원전 400년경
철기 문화 시작

기원전 108년
고조선 멸망, 한 군현 설치

기원전 57년
신라 건국

기원전 37년
고구려 건국

기원전 18년
백제 건국

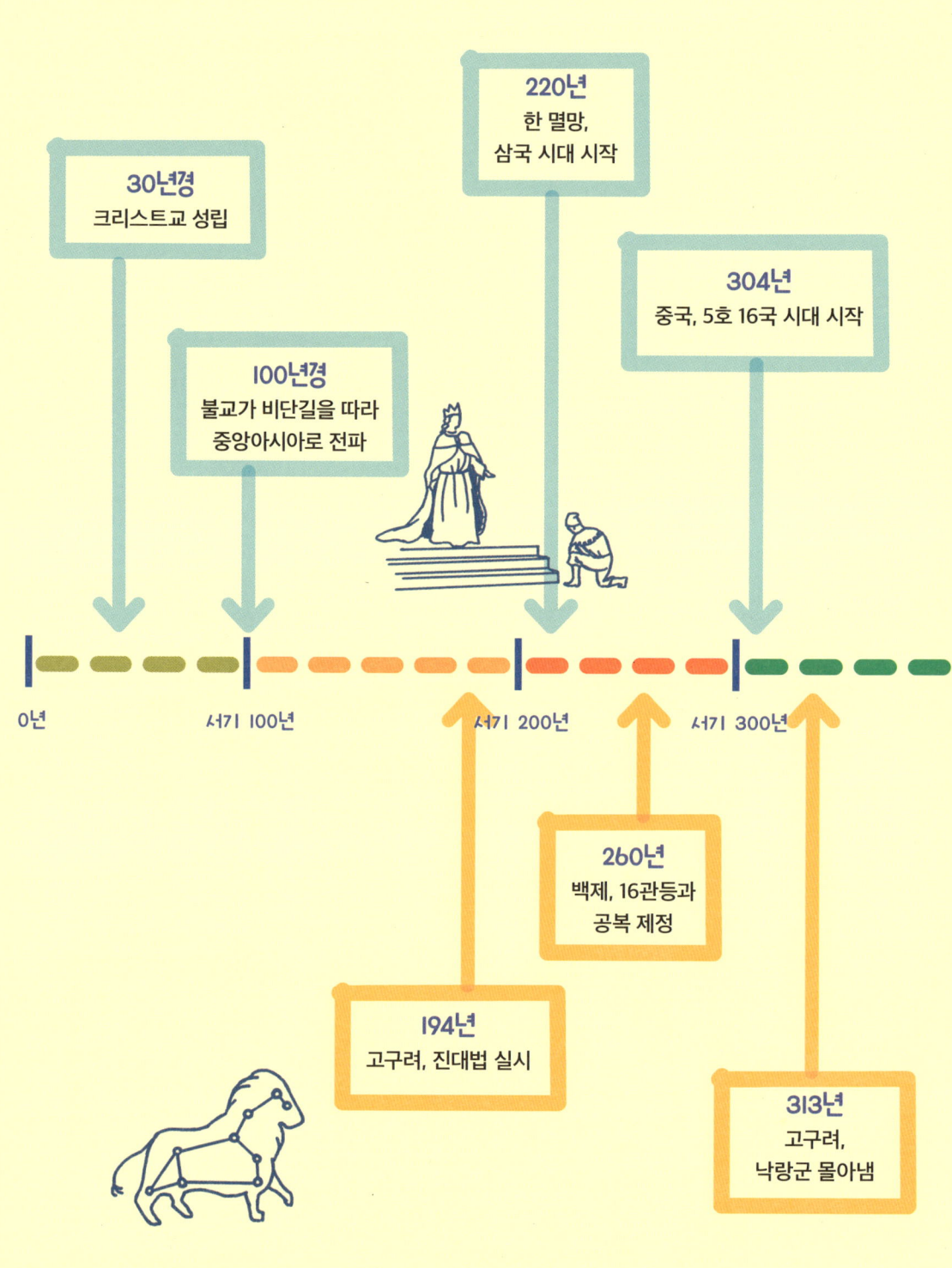

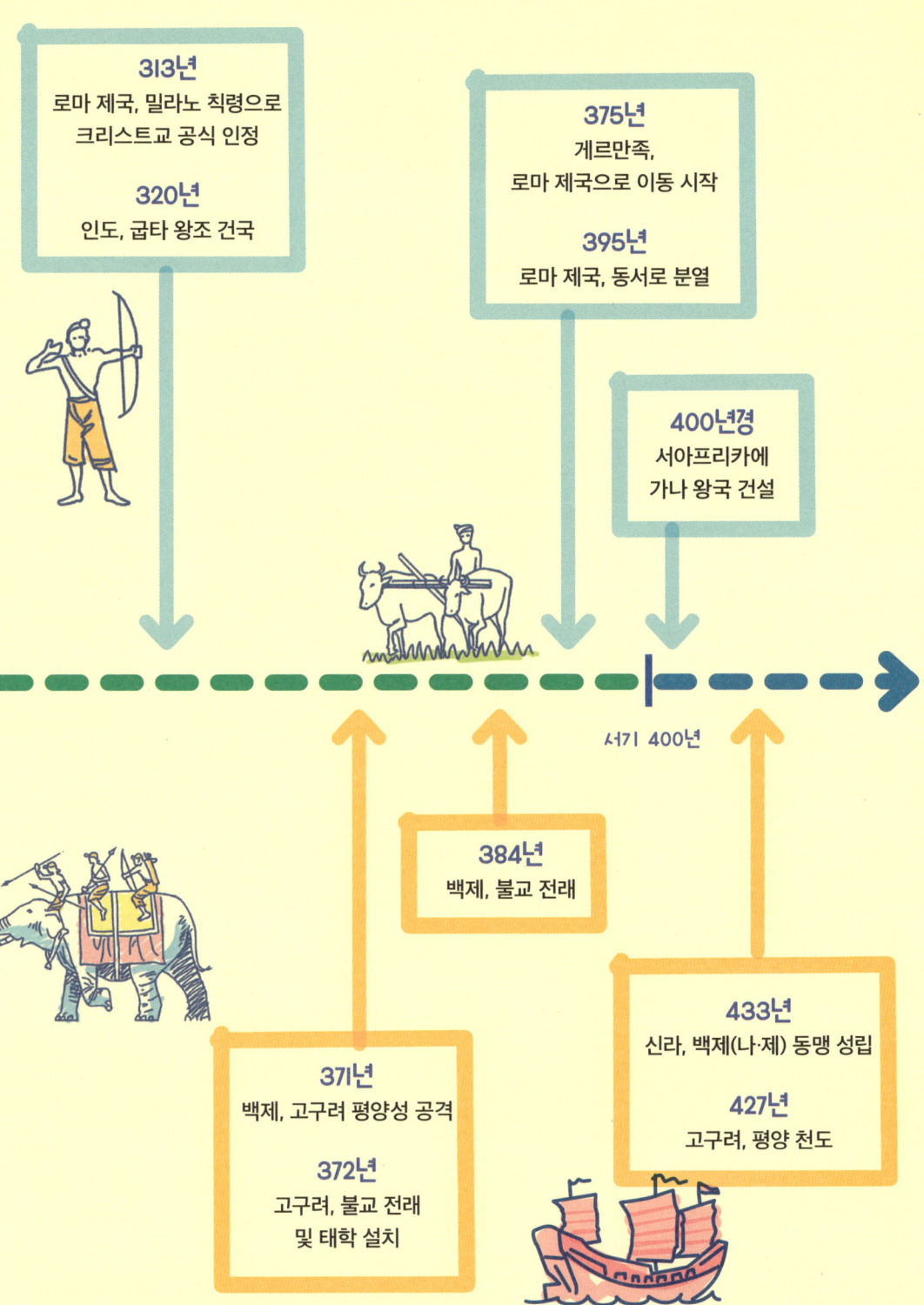

교과연계표

원시와 고대

중학교

최초의 인류

역사1

Ⅰ. 문명의 발생과 고대 세계의 형성
  2. 세계의 선사 문화와 고대 문명

1장. 세계사를 왜 배워야 할까?
2장. 최초의 인류와 구석기 시대
3장. 신석기 시대

고등학교

세계사

Ⅰ. 인류의 출현과 문명의 발생
  2. 인류의 진화와 선사 문화
  3. 문명의 발생

최초의 문명

역사1

Ⅰ. 문명의 발생과 고대 세계의 형성
  2. 세계의 선사 문화와 고대 문명
  3. 고대 제국들의 특성과 주변 세계의 성장

4장. 메소포타미아
5장. 고대 아프리카
6장. 페니키아인과 이스라엘 민족
7장. 고대 인도
8장. 고대 중국
9장. 고대 그리스
10장. 고대 로마

세계사

Ⅱ. 동아시아 지역의 역사
  1. 동아시아 세계의 형성
  2. 북방 민족과 동아시아 세계의 재편
  3. 동아시아 세계의 성숙

Ⅲ. 서아시아·인도 지역의 역사
  1. 서아시아의 통일과 페르시아 제국의 등장
  3. 불교의 탄생과 인도의 고전 문화

Ⅱ. 세계 종교의 확산과 지역 문화의 형성
  1. 불교 및 힌두교 문화의 형성과 확산
  2. 동아시아 문화의 형성과 확산
  4. 크리스트교 문화의 형성과 확산

중세와 근대

중학교

역사1

Ⅱ. 세계 종교의 확산과 지역 문화의 형성
  3. 이슬람 문화의 형성과 확산
  4. 크리스트교 문화의 형성과 확산

Ⅲ. 지역 세계의 교류와 변화
  1. 몽골 제국과 문화 교류
  2. 동아시아 지역 질서의 변화
  3. 서아시아와 북아프리카 지역 질서의 변화

중세 시대

1장. 비잔티움 제국
2장. 중세 시대 이슬람의 등장
3장. 아메리카의 초기 문명
4장. 중세의 인도
5장. 중국의 황금기
6장. 중세의 일본
7장. 중세 시대의 유럽
8장. 유럽의 십자군 원정

고등학교

세계사

Ⅲ. 서아시아·인도 지역의 역사
  2. 이슬람의 출현과 이슬람 제국의 등장
  4. 이슬람의 전파와 무굴 제국의 성립

르네상스와 종교 개혁

9장. 르네상스
10장. 종교 개혁

역사1

Ⅱ. 세계 종교의 확산과 지역 문화의 형성
  4. 크리스트교 문화의 형성과 확산

세계사

Ⅳ. 유럽·아메리카 지역의 역사
  2. 유럽 사회의 형성과 발전
  3. 유럽 세계의 변화

중학교

역사1
Ⅲ. 지역 세계의 교류와 변화
  4. 신항로 개척과 유럽 지역 질서의 변화

탐험의 시대

11장. 유럽의 신항로 개척
12장. 유럽과 아시아의 교역
13장. 유럽의 식민지 아메리카

고등학교

세계사
Ⅳ. 유럽·아메리카 지역의 역사
  2. 유럽 사회의 형성과 발전
  3. 유럽 세계의 변화

역사1
Ⅳ. 제국주의 침략과 국민 국가 건설 운동
  1. 유럽과 아메리카의 국민 국가 체제
  2. 유럽의 산업화와 제국주의

혁명과 계몽사상

14장. 과학 혁명과 계몽사상
15장. 유럽에 등장한 군주제
16장. 미국의 독립 혁명
17장. 프랑스 혁명
18장. 유럽의 민족주의와 라틴아메리카의 독립
19장. 미국 남북 전쟁
20장. 산업 혁명
21장. 여성 운동

세계사
Ⅳ. 유럽·아메리카 지역의 역사
  4. 시민 혁명과 산업 혁명

현대

중학교

역사1

Ⅳ. 제국주의 침략과 국민 국가 건설 운동
 1. 유럽과 아메리카의 국민 국가 체제
 2. 유럽의 산업화와 제국주의
 3. 서아시아와 인도의 국민 국가 건설 운동
 4. 동아시아의 국민 국가 건설 운동

역사1

Ⅴ. 세계 대전과 사회 변동
 1. 세계 대전과 국제 질서의 변화

역사1

Ⅴ. 세계 대전과 사회 변동
 2. 민주주의의 확산
 3. 인권 회복과 평화 확산을 위한 노력

Ⅵ. 현대 세계의 전개와 과제
 1. 냉전 체제와 제3세계의 형성
 2. 세계화와 경제 통합
 3. 탈권위주의 운동과 대중문화 발달

제국주의 시대

1장. 제국주의를 추구하는 유럽
2장. 아프리카 쟁탈전
3장. 일본의 근대화와 조선의 개항
4장. 제국주의 침략에 대한 저항

20세기 초 세계의 갈등

5장. 제1차 세계 대전
6장. 세계를 휩쓴 대공황
7장. 사회주의와 파시즘
8장. 제2차 세계 대전

제2차 세계 대전 이후

9장. 유럽과 중동의 변화
10장. 냉전
11장. 민족주의와 독립운동
12장. 현대 세계의 변화
13장. 21세기의 주요 사건들

고등학교

세계사

Ⅴ. 제국주의와 두 차례 세계 대전
 1. 제국주의의 등장과 세계 분할
 2. 동아시아의 개항과 민족 운동
 3. 인도, 서아시아, 아프리카의 민족 운동

세계사

Ⅴ. 제국주의와 두 차례 세계 대전
 4. 두 차례의 세계 대전

세계사

Ⅵ. 현대 세계의 변화
 1. 냉전 체제의 형성과 변화
 2. 세계 질서의 재편
 3. 과학 기술의 발달과 세계화

옮긴이 정수진
이화여자대학교 영어교육학과를 졸업하고 외국계 기업에서 8년간 근무했다.
글밥 아카데미를 수료하고 현재 바른번역에서 전문번역가로 활동하고 있다.
옮긴 책으로 『예수, 그 깨끗함과 진실함』, 『브릭원더스』, 『브릭시티』,
『기독교인도 우울할 수 있다』 등이 있다.

세계사 현대의 비법노트 : 원시와 고대

초판 1쇄 펴낸날 | 2017년 8월 8일
초판 3쇄 펴낸날 | 2021년 3월 10일

지은이 | 브레인 퀘스트
옮긴이 | 정수진
펴낸이 | 홍지연
펴낸곳 | ㈜우리학교
편집 | 김영숙 고영완 노이언 정아름 김선현
디자인 | 남희정 박태연
마케팅 | 강점원 최은
관리 | 김세정
인쇄 | 에스데이 피앤비

등록 | 제313-2009-26호(2009년 1월 5일)
주소 | 03992 서울시 마포구 동교로23길 32 2층
전화 | 02-6012-6094
팩스 | 02-6012-6092
홈페이지 | www.woorischool.co.kr
이메일 | woorischool@naver.com

ISBN 979-11-87050-36-0(74900)
ISBN 979-11-87050-27-8(세트)

*책값은 뒤표지에 적혀 있습니다.
*잘못된 책은 구입한 곳에서 바꾸어 드립니다.